本书获得北京市自然科学基金项目"环京津贫困带多尺度相对贫困动态识别与协同治理机制研究"（项目编号：9212015），北京市教育委员会项目"基于可持续生计框架的环京津地区相对贫困治理机制研究"（项目编号：SM202410858001）联合资助

STUDY ON IDENTIFICATION AND
COOPERATIVE GOVERNANCE OF RELATIVE
POVERTY IN THE AREA SURROUNDING
BEIJING AND TIANJIN

环京津地区
相对贫困识别与协同治理研究

刘海滨　王竞陶　刘　浩◎著

中国经济出版社
CHINA ECONOMIC PUBLISHING HOUSE
北 京

图书在版编目（CIP）数据

环京津地区相对贫困识别与协同治理研究 / 刘海滨，王竞陶，刘浩著． -- 北京：中国经济出版社，2025.1． -- ISBN 978-7-5136-7983-1

Ⅰ．F127.2

中国国家版本馆 CIP 数据核字第 202480EH10 号

责任编辑　赵静宜
责任印制　马小宾
封面设计　华子设计

出版发行	中国经济出版社
印 刷 者	北京艾普海德印刷有限公司
经 销 者	各地新华书店
开　　本	710mm×1000mm　1/16
印　　张	11
字　　数	160 千字
版　　次	2025 年 1 月第 1 版
印　　次	2025 年 1 月第 1 次
定　　价	88.00 元

广告经营许可证　京西工商广字第 8179 号

中国经济出版社 网址 http://epc.sinopec.com/epc/ 社址 北京市东城区安定门外大街 58 号 邮编 100011
本版图书如存在印装质量问题，请与本社销售中心联系调换（联系电话：010-57512564）

版权所有　盗版必究（举报电话：010-57512600）
国家版权局反盗版举报中心（举报电话：12390）　　服务热线：010-57512564

前言

贫困是世界性难题,反贫困是人类面临的共同任务。2020年,我国彻底消除了绝对贫困,全面建成小康社会,开始步入以相对贫困为特征的后精准扶贫时代。在未来相当长的时间里,仍然需要不断巩固脱贫成果,及时识别和控制返贫风险,防止脱贫人口返贫,同时积极推进相对贫困协同治理机制建设,从根本上解决贫困问题。

2004年,亚洲开发银行在其公布的《河北省经济发展战略研究》报告中,提出了"环京津贫困带"的概念,引起社会对环京津地区贫困问题的广泛关注,推动了不同层面反贫脱贫政策的出台和落地。2019年,河北省全部实现脱贫,环京津地区区域性整体贫困得到彻底解决。随着绝对贫困问题的解决,环京津地区和我国其他贫困地区一样,面临缓解相对贫困问题的挑战,相对贫困识别、监测和协同治理机制构建等是相对贫困治理亟待解决的关键问题。在此背景下,本书尝试在界定相对贫困概念内涵基础上,构建相对贫困多维测度指标体系和多维相对贫困指数计算模型,实现对环京津地区相对贫困的识别和分类,研究环京津地区县级尺度相对贫困的时空特征及其演变规律,分析并确定县级尺度相对贫困关键影响因素,进而构建环京津地区相对贫困协同治理机制。

全书共分七章。第 1 章阐述了研究背景与意义，分析总结了国内外研究现状，确定了研究内容、方法和技术路线；第 2 章阐明了绝对贫困与相对贫困、多维贫困、产业扶贫等概念，并总结了相对贫困的特性，阐述了空间贫困、可持续发展与协同治理等理论；第 3 章依界定的相对贫困和多维贫困的内涵，构建了相对贫困多维测度指标体系，通过对维度和指标的科学赋权，建立了多维相对贫困指数计算模型，对 2012—2019 年环京津地区各县相对贫困指数进行了计算，建立了相对贫困判别标准，对环京津地区县级尺度相对贫困进行了识别、分类和分析；第 4 章根据空间贫困理论，利用 2012—2019 年环京津地区各县多维相对贫困指数计算和相对贫困县识别结果，采用探索性空间数据分析方法对环京津地区相对贫困时空特征进行了分析，揭示了相对贫困县空间演化和关联特性；第 5 章分析了环京津地区县级尺度相对贫困影响因素，研究了环境—地形因素和产业发展对县级尺度相对贫困的影响，确定了相对贫困关键影响因素；第 6 章建立了基于 NPP/VIIRS 夜间灯光数据的多维相对贫困指数估计模型，给出了不同尺度相对贫困的监测方法，提出了环京津地区县级尺度相对贫困协同治理策略，构建了乡镇尺度相对贫困协同治理框架；第 7 章对研究结论、主要创新点和政策启示进行了总结和展望。

全书由刘海滨、王竞陶和刘浩共同完成。研究问题提出、研究框架和内容确定、研究方法和技术路线选择等由刘海滨和王竞陶讨论商定，具体研究工作主要由王竞陶完成并撰写了初稿，刘浩参与了部分模型构建工作，全书最后由刘海滨审核定稿。

本书的出版得到北京市自然科学基金项目"环京津贫困带多尺度相对贫困动态识别与协同治理机制研究"（项目编号：9212015）和北京市教育委员会项目"基于可持续生计框架的环京津地区相对贫困治理机制研究"（项目编号：SM202410858001）的联合资助，在此表示感谢！

感谢所有为本书的研究、写作和出版提供帮助的研究生和同事以及出版社的编辑们。由于时间和能力所限，疏漏和不足之处在所难免，恳请专家和学者们批评指正。

笔　者

2024 年 10 月

目 录

1 引 言

- 1.1 研究背景和意义 ·· 1
  - 1.1.1 研究背景 ·· 1
  - 1.1.2 研究意义 ·· 4
- 1.2 国内外研究现状 ·· 5
  - 1.2.1 相对贫困的内涵和发展 ···································· 5
  - 1.2.2 相对贫困测量的研究进展 ·································· 6
  - 1.2.3 相对贫困时空演变的研究进展 ······························ 10
  - 1.2.4 相对贫困致贫因素的研究 ·································· 12
  - 1.2.5 夜间灯光数据在贫困监测中的应用研究 ······················ 13
  - 1.2.6 相对贫困协同治理研究 ···································· 15
  - 1.2.7 文献评述 ·· 16
- 1.3 研究内容 ·· 17
- 1.4 研究方法和技术路线 ·· 18
  - 1.4.1 研究方法 ·· 18
  - 1.4.2 技术路线 ·· 19

2 概念和理论基础

- 2.1 基本概念 ·· 20
  - 2.1.1 绝对贫困与相对贫困 ·· 20
  - 2.1.2 相对贫困的特性 ·· 21
  - 2.1.3 多维贫困 ··· 22
  - 2.1.4 产业扶贫 ··· 23
- 2.2 理论基础 ·· 24
  - 2.2.1 空间贫困理论 ··· 24
  - 2.2.2 可持续发展理论 ·· 26
  - 2.2.3 协同治理理论 ··· 27

3 环京津贫困带相对贫困测度与识别

- 3.1 研究区域和数据来源 ··· 30
  - 3.1.1 研究区域 ··· 30
  - 3.1.2 数据来源 ··· 30
- 3.2 相对贫困多维测度指标体系的构建 ································ 31
  - 3.2.1 相对贫困多维测度基础 ·· 31
  - 3.2.2 相对贫困多维测度指标体系构建 ························ 32
  - 3.2.3 相对贫困多维测度指标相关性分析 ···················· 34
- 3.3 多维相对贫困指数计算方法 ··· 36
  - 3.3.1 多维相对贫困指数计算模型 ································ 36
  - 3.3.2 赋权方法选择 ··· 36
- 3.4 县级尺度相对贫困测度与识别 ······································· 42
  - 3.4.1 县级尺度多维相对贫困指数计算 ························ 42
  - 3.4.2 县级尺度相对贫困识别 ·· 44
- 3.5 小结 ·· 47

4 环京津贫困带相对贫困时空特征研究

4.1 模型选择 ························ 48
4.1.1 全局 Moran's I 计算方法 ········ 48
4.1.2 局部 Moran's I 计算方法 ········ 49
4.2 县级尺度相对贫困时空演变特征 ········ 50
4.2.1 县级尺度相对贫困时空变化特征分析 ········ 50
4.2.2 与国家和省级贫困县名单比较 ········ 52
4.3 县级尺度相对贫困全局相关性分析 ········ 53
4.4 县级尺度相对贫困局部相关性分析 ········ 54
4.5 小结 ························ 55

5 环京津贫困带相对贫困影响因素研究

5.1 模型选择 ························ 56
5.1.1 指标贡献度分析 ················ 56
5.1.2 地理探测器 ·················· 56
5.1.3 基于全息映射的面板时空地理加权回归模型 ········ 57
5.2 县级尺度相对贫困影响因素分析 ········ 60
5.3 环境—地形因素对县级尺度相对贫困的影响 ········ 63
5.3.1 环境—地形指标选取 ··············· 63
5.3.2 地理探测器结果分析 ··············· 64
5.4 产业发展对县级尺度相对贫困的影响 ········ 66
5.4.1 指标变量的描述性统计 ············· 66
5.4.2 回归模型的选择与检验 ············· 68
5.4.3 结果分析 ···················· 72
5.5 小结 ························ 81

6 环京津贫困带相对贫困协同治理研究

- 6.1 基于夜间灯光数据的相对贫困监测 ········· 83
  - 6.1.1 夜间灯光数据的校正 ········· 83
  - 6.1.2 多维相对贫困指数估计模型的建立与检验 ········· 86
  - 6.1.3 基于夜间灯光数据的乡镇尺度相对贫困监测 ········· 91
- 6.2 不同尺度相对贫困协同治理策略 ········· 93
  - 6.2.1 县级尺度相对贫困协同治理策略 ········· 93
  - 6.2.2 乡镇尺度相对贫困协同治理框架 ········· 95
  - 6.2.3 D县Q镇相对贫困协同治理具体策略 ········· 97
- 6.3 小结 ········· 102

7 结论与展望

- 7.1 研究结论 ········· 104
- 7.2 主要创新点 ········· 107
- 7.3 政策启示 ········· 107

参考文献 ········· 109

附　录

- 附录A ········· 131
- 附录B ········· 132
- 附录C ········· 152
- 附录D ········· 160

1 引 言

1.1 研究背景和意义

1.1.1 研究背景

（1）中国绝对贫困问题得到历史性解决，新时期扶贫工作的重点转向缓解相对贫困。

贫困是人类长期面临的困境，是一种复杂而综合的社会现象，也是政府和学界普遍关注的重要问题之一[1-3]。自新中国成立以来，党和政府带领人民从我国具体国情出发，制定和出台了一系列扶贫政策和规划，走出了一条"救济式扶贫—开发式扶贫—精准扶贫"的具有中国特色的贫困治理道路，为消除绝对贫困和全面建成小康社会奠定了基础[4-5]。

2013年11月，习近平总书记在湖南湘西考察时，首次提出"实事求是、因地制宜、分类指导、精准扶贫"的"十六字"方针。2014年3月，习近平总书记参加两会代表团审议时强调，要实施精准扶贫，瞄准扶贫对象，进行重点施策。2015年6月，习近平总书记在贵州召开部分省区市党委负责同志座谈会时强调，要科学谋划好"十三五"时期扶贫开发工作，特别要在精准扶贫、精准脱贫上下更大功夫，确保贫困人口到2020年如期脱贫。2015年9月25—27日，"联合国可持续发展峰会"在纽约联合国总部召开。会议开幕当天通过了《改变我们的世界——2030年可持续发展议程》，其中将"在全世界消除一切形式的贫困"作为其17个目标之首[6]。

2012年开始,我国贫困人口连续7年每年减少1000万人以上,从9899万人减少到551万人,贫困发生率由10.2%降至0.6%[7],贫困村从12.87万个减少到2707个,贫困县从832个减少到52个。2020年11月23日,贵州省宣布最后9个深度贫困县退出贫困县序列,这标志着国家确定的全国832个贫困县全部脱贫摘帽[4-5],实现了中国现行标准下的农村贫困人口全部脱贫、贫困县全部摘帽、区域性整体贫困基本得到解决,绝对贫困问题得到历史性消除,提前10年完成联合国颁布的《2030年可持续发展议程》中的目标[5]。

尽管绝对贫困已经消除,但我国的扶贫任务仍未结束,相对贫困问题还会长期存在,并将成为未来减贫工作的重点[8]。党的十九大报告明确指出,"我国社会的主要矛盾是人民日益增长的美好生活需要和不平衡不充分的发展之间的矛盾[9]",而相对贫困是不平衡不充分发展的主要表现之一。在此背景下,党的十九届四中全会提出"巩固拓展脱贫攻坚成果,建立解决相对贫困的长效机制"[10],这标志着在全面建成小康社会后,新时期扶贫工作的重点将从消除绝对贫困向缓解相对贫困转变[11]。在我国进入相对贫困治理阶段后,现有的贫困标准已经不再适用,新的相对贫困标准亟待制定[12]。2019年4月16日,习近平总书记在重庆主持召开"两不愁 三保障"座谈会[13],指出"两不愁 三保障"是2020年后脱贫的基本要求和核心指标[14]。"两不愁"指的是不愁吃、不愁穿,确保贫困人口的基本生存;"三保障"指的是义务教育、基本医疗、住房安全有保障,主要关注贫困人口在保证基本生存前提下的自我发展。

(2)京津冀地区积极推进协同发展,环京津贫困带从完全脱贫向乡村振兴迈进。

2004年,亚洲开发银行在其发布的《河北省经济发展战略研究》报告中指出,河北省存在26个贫困县,分布在北京、天津周边,形成了"环京津贫困带"[15],揭示了京津冀区域发展存在着较大的差异,受到了全社会的广泛关注。2010年,河北省政府颁布了《河北省环京津地区产业发展规划(2010—2015)》,确定了环京津地区的地理范围,包括廊坊、保定、张家口、承德、唐山和沧州6个地区。环京津地区包含燕山—太行山集中连片地区，贫困程度较深，具有典型性和代表性，因其处于北京和天津大城市周边，也更加重要[16]。

环京津地区由于自然条件恶劣、负有为北京和天津保护水源和生态的特殊使命以及思想观念滞后等，经济发展滞后，长期处于极端贫困状态。2010年10月，河北省曾提出环首都经济圈战略，后改为环首都绿色经济圈战略，并将其写入河北省"十二五"规划纲要，提出"打造带动全省经济社会发展的增长极"，但在实践中并未能真正解决"环京津地区"的贫困问题。2014年2月，习近平总书记在北京主持召开座谈会并全面深刻阐述了京津冀协同发展的推进思路和重点任务。2017年10月，习近平总书记在党的十九大报告指出，实施区域协调发展战略，并再次强调要推动京津冀协同发展。同时，在报告中首次提出，农业农村农民问题是关系国计民生的根本性问题，必须始终把解决好"三农"问题作为全党工作的重中之重，实施乡村振兴战略。

在中共中央和国务院印发实施的《京津冀协同发展规划纲要》中，从战略意义、总体要求、定位布局、有序疏解北京非首都功能、推动重点领域率先突破、促进创新驱动发展、统筹协同发展相关任务、深化体制机制改革、开展试点示范、加强组织实施等方面描绘了京津冀协同发展的宏伟蓝图。精准扶贫思想的提出和实践为解决环京津地区的贫困问题指明了方向，京津冀协同发展战略的实施为环京津冀贫困带的减贫和脱贫带来了难得的历史机遇。近年来，河北省在京津冀协同发展的战略背景下，坚持精准扶贫、精准脱贫。2019年，涞源、阜平和蔚县等13个县退出贫困县序列，标志着河北省全部实现脱贫，环京津地区告别区域性整体贫困。在2020年国务院政府工作报告中进一步指出，要加快落实区域发展战略，深入推进京津冀协同发展，促进贫困地区加快发展。

随着绝对贫困问题的解决，环京津地区和我国其他贫困地区一起进入了以相对贫困为特征的后精准扶贫时代，扶贫工作将从贫困治理向乡村振兴转变，缓解相对贫困是乡村振兴的前提。在此过程中，如何防止脱贫后返贫,如何制定相对贫困判定标准、如何实现相对贫困识别、如何构建相对贫困治理协同机制等问题仍需要解决,是实现京津冀协同发展战略和乡村战略面临的重要课题。

1.1.2 研究意义

(1) 随着绝对贫困的消除,中国扶贫工作重点已开始向缓解相对贫困转变。相对贫困识别是其治理的基础,但当前相对贫困并没有统一的判别标准。因此,制定相对贫困判别标准是新时期识别相对贫困区域,进而采取相对贫困治理举措的前提[17]。在本书中,将以"两不愁 三保障"为参考,以多维贫困指数 MPI 为计算框架,构建包括经济、生活、教育、医疗和社会保障等维度的相对贫困测度指标体系和多维相对贫困指数计算模型,建立相对贫困识别判别标准,丰富相对贫困识别方法。利用建立的相对贫困判别标准和多维相对贫困指数计算模型,对环京津地区 71 个县多维相对贫困指数进行计算,并对相对贫困进行识别,为环京津地区相对贫困治理精准施策提供依据。

(2) 环京津地区的贫困既有与其他区域贫困的共同特性,亦有其自身的独特性。在本书中,分析环京津地区相对贫困时空特征,揭示其演变规律;探究相对贫困空间关联性,确定其空间关联性特征;分析并确定相对贫困关键影响因素;分析环境—地形因素、产业发展等对相对贫困的影响。取得的研究成果将为环京津地区相对贫困治理政策和方案制定提供依据。

(3) 相对贫困监测既是了解其动态变化的手段,也是相对贫困治理过程中的重要基础工作。在本书中,构建了环京津地区不同尺度相对贫困监测模型,以实现对不同尺度相对贫困的动态监测,及时掌握区域贫困状况。在对不同尺度相对贫困动态监测基础上,根据县级尺度相对贫困影响因素分析结果,提出县级尺度相对贫困治理策略;基于 SFIC 模型,提出乡镇尺度相对贫困协同治理框架,并结合具体乡镇实际,给出具体应用实例,为县级和乡镇尺度相对贫困治理策略制定提供理论指导和实践参考。

1.2 国内外研究现状

1.2.1 相对贫困的内涵和发展

学界对贫困的认知经历了从绝对贫困到相对贫困的演变过程[18]。

1. 绝对贫困

绝对贫困最早由 Booth（1887）[19]提出，并在对其判断中考虑了收入、工作类型和生活条件。在 Booth 的研究基础上，Rowntree（1901）[20]基于"生计维持"提出贫困状态为一个家庭的收入不足以维持最低生计的条件，这些条件在早期的研究中被界定为食物、衣着、住房和医疗。随着对社会角色的认知，基于"基本需要"的绝对贫困概念出现，Townsend（1954）[21]提出家庭的最低需要还应该包括社会参与成本等。国际劳工组织（1976）[22]将人的基本需要界定为维持生计的食物需要和非食物需要，其中非食物需要包括医疗、交通、教育等方面。

国家统计局农调总队（1990）[23]把绝对贫困定义为"生存贫困"[24]，即在一定的社会环境和生产方式下，个人或家庭依靠其劳动所得和其他合法收入不能维持其基本的生存需求的状况。这也是国内最广泛接受的绝对贫困概念[25-27]。

2. 相对贫困

20 世纪 60 年代，随着欧洲福利国家的建设，贫困的认定开始转向相对贫困。1958 年，经济学家 Galbraith 指出，一个人是否贫困不仅取决于自身的生活状态，还取决于社会中其他人的收入[28]。最先提出相对贫困概念的学者是 Fuchs（1967）[29]，他认为是在一定的社会发展水平下，个人或家庭的收入比社会平均水平低到一定程度时的生活状态。Townsend（1979）[30]从资源分配的角度出发，提出若干个人或家庭所拥有的资源远低于一般大众所平均支配的资源量则处于相对贫困状态，包括饮食、社会活动和公共设施等。Sen（2000）[31]从社会权利剥夺的角度定义了相对贫困，他提出当个人或家庭在社会上享有的权利被剥夺时，就处于相对贫困。世界银行将相对贫困定义为，个人或家庭没有获得社会公认的生活条件或机会[32]。

中国早期对相对贫困的研究集中在理论层面。李强（1996）[33]较早地关注到我国的相对贫困问题，并将相对贫困定义为：对比其他人，有一部分人处于社会水准的最下层，并提出要想缓解相对贫困问题就要注意社会分配问题。冯素杰和陈朔（2006）[34]从我国改革开放以来经济的高速增长中注意到了相对贫困的严重性，将相对贫困定义为：低收入群体收入的增长幅度远低于社会中高收入群体而导致双方收入差距拉大，随着经济社会发展，虽然低收入人群生活境况比自身以前有所提高，但对比高收入人群却显得越发贫困。李永友和沈坤荣（2007）[35]发现相对贫困并不一定代表无法维持基本生活，即使在不存在物资匮乏（绝对贫困）的社会，也会存在相对贫困，因为始终存在部分成员无法达到社会公认的维持基本需要的平均收入水平。秦建军和戎爱萍（2012）[36]将相对贫困定义为个体收入低于社会平均水平一定程度的状态。由此可见，在早期的研究中，学者们将相对贫困的评价标准停留在单一维度的收入水平上。杨舸（2017）[37]总结流动人口的相对贫困特征发现，相对贫困不仅反映在收入、消费层面，还反映在居住情况、教育、医疗等权益方面。邢成举和李小云（2019）[38]针对相对贫困的区域性特征，提出相对贫困是指个体获得的收入无法满足当地条件下所认为的基本生活需求的状态，这种基本生活需求指满足基本生存需求之外的其他需求。汪三贵和刘明月（2020）[5]认为相对贫困衡量的是一个社会中不同群体的收入不平衡问题，与相对排斥和相对剥夺紧密相连。罗必良（2020）[39]认为相对贫困与参照群体的生活状况有关，与个人的实际生活状况无关：即当个体所拥有的资源明显低于所在社会中个体所平均支配的资源水平时，则被认为处于相对贫困状态。

1.2.2 相对贫困测量的研究进展

1. 绝对贫困的测度

以维持人体生存所需的最低能量为基准，将计算得到的食物组合支出作为绝对贫困线的基础[40]。代表性研究有预算标准法[20]、基本需求法、恩格尔系数法、一天1美元法等[41]。1901年,世界银行按贫困家庭维持基本生活所需的收入标准,将绝对贫困标准定为1.01美元/人/天,之后分别在2008年、2015年调整为日均1.25美元/人和日均1.9美元/人[42],这也是国际上常用的绝对贫困线。

20世纪中期以后,绝对贫困线受到很多质疑[40]。一方面,绝对贫困线所划定的标准过低,不能保证个人或家庭日常所需营养的充足性;另一方面,绝对贫困线的调整考虑得不够全面,如社会习俗的变化和社会生活水平的提高造成的日常生活所需具有随意性。

2. 相对贫困的测度

Fuchs(1967)最早提出使用相对贫困标准,并建议用平均收入的50%作为相对贫困标准[29]。1976年,经济合作与发展组织(OECD)对其成员国进行了一次大规模调查后提出以一个国家或社会中位收入或平均收入的50%作为这个国家或地区的相对贫困线[43]。20世纪中期,英国就实现了从绝对贫困向相对贫困的转变,其相对贫困界定标准从平均收入的50%向中位收入的60%转变[44]。总之,多数国家的相对贫困标准取自中位收入的一定比例,且经济发展程度越高的国家其基准比例越高[45]。

国内学术界对相对贫困标准的研究主要分为三类。第一类建议采用国际通用标准,即"收入比例法"。叶兴庆和殷浩栋(2019)[46]、孙久文和夏添(2019)[47]、沈扬扬和李实(2020)[48]均建议以居民人均可支配收入中位数的40%作为相对贫困标准,并按一定周期进行调整。周力(2020)[49]建议将居民人均收入中位数的50%作为相对贫困的标准。第二类建议以绝对收入标准为参考,在此基础上进行提高作为相对贫困标准。魏后凯(2018)[50]建议2020年后以每人每天3.2美元的标准作为相对贫困线,确保高于"两不愁 三保障"的基本需求。林万龙和陈蔡春子(2020)[41]基于居民对商品、服务的基本需求,提出了低限贫困标准和高限贫困标准。此外,檀学文(2020)[51]针对不同收入群体提出了组合式的贫困标准。第三类主张采用多维相对贫困标准。孙久文和张倩（2021）[43]提出以收入为主，教育、医疗及社会保障为辅的多维相对贫困标准。王小林和冯贺霞（2020）[42]面向2020年后的相对贫困治理，从经济、社会发展、生态环境三个维度提出相对贫困的制定标准。汪三贵和刘明月（2020）[5]、向德平和向凯（2020）[52]、马秋华等（2018）[53]、焦克源等（2020）[54]均提出可以参考"两不愁 三保障"的扶贫要求，制定相对贫困测度指标体系。

3. 多维贫困的测度

采用单一维度[55]来测度相对贫困，虽然操作简单，指标获取方便，但是由于相对贫困的复杂性和持久性，无法真实反映个体的贫困状况[56]。从20世纪80年代开始，人们对贫困测度概念的理解有了新变化，不仅包括经济层面，还包括社会、文化和其他方面。Sen（1982）[57]首次提出"多维贫困"的概念。1997年，联合国开发计划署（UNDP）[58]构建了包括生活水平、教育、健康3个维度的人类贫困指数。Langlois 和 Kitchen（2001）建立了一般贫困指数[59]。Alkire 和 Foster（2011）提出了多维贫困测度A–F模型[60]，并得到了广泛应用。2010年，UNDP与英国牛津贫困与人类发展中心构建了多维贫困指数（Multidimensional Poverty Index，MPI）[61]，该指数包含三个维度，分别为健康、教育、生活水平，受到了众多学者的认可与使用[62-63]。由于相对贫困具有多维特点，所以多维贫困往往与相对贫困结合在一起[64]。

国内关于多维贫困测度的研究，经历了从理论研究到实践研究的转变[54]。在理论研究层面，孙久文和张倩（2021）[43]提出在多维相对贫困标准的框架下，从收入、教育、健康、社会保障和对外沟通等方面来构建相对贫困标准。汪三贵和刘明月（2020）[5]遵循中国实际并结合国内外专家的相关经验，从收入水平、就业状况、基本健康、义务教育、社会保障等维度设置了多维相对贫困体系。王小林和冯贺霞（2020）[42]认为，在"两不愁 三保障"的实践经验上，2020年后中国应该采取多维相对贫困标准。陈宗胜等（2020）[45]提出在MPI框架下考虑相对贫困。马秋华等

(2018)[53]研究发现,利用单一的收入标准衡量贫困会对贫困的实际情况造成低估,并指出除收入维度外,还需从义务教育、基本医疗等多个维度考虑建立相对贫困标准。

在实践研究层面,尚卫平和姚智谋(2005)[65]较早地从国家层面开始进行多维贫困研究,采用预期寿命、人均实际 GDP 和识字率构建多维贫困标准,并对六大洲的多维贫困进行了测量。王小林和 Alkire (2009)[66]最早在中国使用 A-F 方法,利用中国健康与营养调查(CHNS)数据对中国的多维贫困进行了测量。焦克源等(2020)[54]、程威特等(2021)[67]、张全红和张建华(2010)[68]、段若琳等(2019)[69]基于中国社会调查数据,使用国际通用的 MPI 多维贫困指数考察我国多维贫困的动态变化。在省(市)层面,陈琦(2012)[70]采用 A-F 方法对武夷山区连片特困地区农村贫困进行了多维测量。郭建宇和吴国宝(2012)[71]利用山西省贫困县的住户数据,以 MPI 指数为框架基础,比较了多维贫困定义下的贫困户与收入贫困户间的区别。洪波等(2021)[72]结合多维贫困理论,运用三阶段 DEA 模型对我国长江经济带11 省市的多维减贫效率进行测度。县域层面,刘愿理等(2020)[73]、施琳娜和文琦(2020)[74]分别构建了目标县域的相对贫困多维评价指标体系。潘竟虎和胡艳兴(2016)[75]、叶文丽等(2021)[76]和徐藜丹等(2021)[77]以脆弱性—可持续生计分析框架为基础构建了多维贫困指标体系。阮欧等(2022)[78]估算了 2003—2018 年贵州省县域综合贫困指数,并对农村贫困的时空格局进行了分析。徐春华和龚维进(2021)[79]从多维视角分析我国连片贫困县的发展情况。Shen(2022)[80]对 1988—2018 年中国农村跨期多维贫困进行测度并提出在 2020 年后,应构建适合中国国情的多维贫困识别框架,制定更具针对性的发展策略。Zhang 等 (2022)[81]对甘肃省 75 个贫困县的多维贫困指数进行测度,并将贫困县划分为若干类,确定了贫困的主要驱动因素,为此地区 2020 年后实现可持续减贫提供科学依据。

指标权重对多维相对贫困指数的计算至关重要[82-84]。在赋权方法选择上,现有研究可以分为三类:第一类是等权重赋权法。这类研究遵从国际通用的 MPI 的赋权方法,即等权重赋权法[14,56,67-71,85-86],这种方法的优点是操作简单、方便易懂,缺点是主观性太强,没有对各个维度进行相对重要性区分。由于各个指标对相对贫困的影响程度不同,因此很多学者对这类方法提出了异议[86]。第二类为单一的非等权重法。即使用单一方法进行非等权重赋权,例如,主成分分析法[69]、熵权法[87]、层次分析法(AHP)[88]、多元对应分析法[87]等。这类方法的优点是对各项指标进行了客观的相对重要性区分,但是由于不同的赋权方法会导致多维相对贫困指数出现不同的结果,仅用一种赋权方法存在偶然性,可能会对最终结果造成较大误差。第三类是使用主客观相结合的方法进行赋权。例如,祝志川等(2021)[89]鉴于单一使用主观赋权方法或客观方法的不足,提出使用均方差修正 AHP 法的交叉赋权方法。潘竟虎和胡艳兴(2016)[75]、王艳慧等(2013)[86]、陈烨烽等(2016)[90]、刘欣等(2020)[91]均使用 AHP 与熵权法测算权重,然后二者取均值确定综合权重。主客观组合赋权是当前研究中较科学的赋权方法[86],此方法既能弥补主观赋权主观性强的缺点,尽量使赋权客观,又能兼顾研究者对指标的偏好[84,86,90]。在研究中,可以考虑采用模糊层次分析法作为主观赋权方法[92],选择熵权法作为客观赋权方法,综合两种赋权方法结果对相对贫困指数中不同维度指标进行赋权。

1.2.3 相对贫困时空演变的研究进展

1. 贫困的时空演变研究

贫困与空间地理因素之间存在着很强的联系[43]。目前,对贫困的时空演变研究主要分为两类,第一类针对不同尺度的区域范围,采用统计数据进行研究。Dayal(1989)[93]、Minot 和 Baulch(2005)[94]采用消费者支出数据对不同国家贫困区域的空间分布情况进行研究。Park 等(2002)[95]采用县级尺度的面板统计数据,评价了中国 1981—1995 年区域减贫的实施效果。王丽华(2011)[96,97]利用 7 年的统计数据,分别对湘西的 8 个贫困县以及贫困县下辖的乡、村贫困人群空间分布及结构变化进行了研究。叶信岳等（2014）[98]采用浙江省国民经济发展指标统计数据，对近20年来浙江省经济差异的时空动态进行了分析。郑长德和单德朋（2016）[99]采用2001—2013年县级数据，对集中连片特困地区的663个贫困县进行了时空演化特征分析。

第二类针对不同贫困县或家庭，采用社会调查数据进行研究。陈健生（2009）[100]利用600个国家扶贫重点县的监测数据，分析了2002—2006年贫困县的动态空间演变状况。邹薇和方迎风（2011）[101]利用8年的CHNS数据，研究了中国东部、中部和西部多维贫困的动态变化状况。王美昌和高云虹（2017）[102]利用2004—2012年中国综合社会调查数据，评估了我国城乡贫困时空变动趋势。王武林等（2020）[103]利用2010—2018年中国农村贫困监测报告中的数据，对中国西部农村贫困人口的时空演变特征进行了分析。李东和孙东琪（2020）[104]利用中国家庭追踪调查数据，研究了中国总体多维贫困状况的动态变化。

2. 相对贫困的时空演变研究

杨振等（2015）[105]以中国各省区农村居民为研究对象，依据恩格尔理论和扩展线性支出系统模型建立多维相对贫困测度模型，分析了其相对贫困空间格局及成因。周侃等（2021）[106]以长江经济带为例，从流域、县域及主体功能区多尺度解析2010年以来农村相对贫困的时空演化过程。马瑜等（2022）[107]基于社会融入成本理论，测算并分析了中国城乡收入（消费）弱相对贫困及时空演变特征。王永明和王美霞（2021）[108]以武陵山片区为研究区，揭示了2001—2018年武陵山片区县域相对贫困的时空演化特征及其驱动因素。韦凤琴和张红丽（2021）[109]从经济、社会、生态三个维度设计了多维相对贫困指标体系，分析了中国农村地区多维相对贫困测度与时空分异特征。

3. 环京津地区相对贫困的时空演变研究

环京津地区相对贫困的时空演变研究可分为两类。一类是以经济指标作为相对贫困的单一评价指标，对该区域相对贫困的时空演变进行研究。如范铁芳等（2016）[110]选取环京津贫困带25个县域2000—2014年人均地区生产总值，对环京津贫困带的相对贫困时空演变进行研究。何仁伟等（2018）[111]选取农民人均纯收入作为反映农村相对贫困的指标，对环京津贫困带农村相对贫困的时空演变进行研究。蔡兴冉等（2019）[112]以经济发展水平测量河北省县域相对贫困，并采用空间自相关分析时空演变特征。另一类是建立多维相对贫困指数，分析环京津地区相对贫困的时空演变。如袁媛等（2014）[113]从经济、社会和自然三个维度构建了多维相对贫困指数，评估了该区域的相对贫困状况。张亚明等（2018）[114]从自然、经济、社会三个维度构建了环京津贫困带空间贫困综合评价体系，并分析了环京津贫困带的时空演变特征。刘欣等（2020）[91]从自然环境、土地资源、县域经济、生活质量和生计能力5个维度建立评价体系，测度河北山区多维贫困的时空演变特征。

1.2.4 相对贫困致贫因素的研究

致贫因素研究一直是国内外学者和政府关注的焦点问题。胡芳肖等（2012）[115]使用Logistic回归模型，对陕西农村家庭致贫因素进行了分析，发现文化程度、劳动力、道路情况等对贫困有显著影响。陈烨烽等（2016）[90]基于空间贫困视角，采用指标贡献度分解与线性回归方法分析了贫困村的致贫因素，发现自然环境的劣势、地形、交通、劳动力、文化素质是限制脱贫的主要因素。曾志红和曾福生（2013）[116]通过对武陵山湖南片区农户的调研，分析确定自然环境因素、资本投入因素、个人能力因素都对摆脱贫困有很大的影响。罗庆等（2016）[117]以巴山区11个县为研究区域，探讨了贫困空间分布格局与致贫因素。夏春萍等（2019）[118]从居民消费的8个维度，探究了我国农村多维贫困的空间分布特征和致贫因素。梁晨霞等（2019）[119]基于空间贫困视角，以乌蒙山片区为研究区域，设计了多层线性回归模型剖析贫困的影响因素。穆学青等（2020）[120]基于联合国MPI指标体系，构建了表征经济、教育、健康和生活四个维度贫困测度指标体系，并对其贫困的时空演化特征和致贫因素进行分析。金贵等

(2020)[121]基于发展地理学视角,利用面板向量自回归模型,结合人类发展分析路径,对中国贫困的致贫和减贫因素进行分析。Liu 等(2021)[122]利用多元线性回归和随机森林模型,识别不同地理因素对于贫困的相对重要性,以解释贫困的空间分布,提出确定区域内的贫困决定因素对于采取有效的减贫措施至关重要。Dong 等(2021)[123]基于发展地理学视角,提出一种将人类发展方法与全球可持续发展目标指标框架相结合的面板向量自回归模型,实现了对致贫因素的识别。

有部分学者从相对贫困的视角,对致贫因素进行了分析。何家军和朱乾宇(2016)[124]利用农村移民家庭 2006 年和 2010 年的入户监测数据,对农村移民家庭相对贫困状况及致贫因素变化进行了分析。仲超和林闽钢(2020)[125]利用 2018 年的 CFPS 数据,分析了中国相对贫困家庭的多维剥夺状况及其致贫因素。张文宏和苏迪(2020)[126]利用上海社会科学调查中心对特大城市居民生活状况调查数据,对特大城市居民相对贫困致贫因素进行了实证分析。栾江和马瑞(2021)[127]利用 2017 年农村调研数据,分析了农村人口结构老龄化、教育资源、土地资源等因素对农村居民相对贫困产生的影响。边恕和纪晓晨(2021)[128]选择 2018 年中国家庭追踪调查(CFPS)数据,从就业、社会福利、社会关系等不同社会排斥维度出发,实证分析了社会排斥对相对贫困的影响。李波和苏晨晨(2021)[129]利用 2018 年的统计数据,从自然、经济、社会维度进行相对贫困的测算,使用地理探测器对其空间差异进行了致贫因素分析。

1.2.5 夜间灯光数据在贫困监测中的应用研究

夜间灯光数据能够反映经济增长[130-135]、人类活动[136-140]、城市发展[141-144]、能源消费[145-149]及碳排放[150-153]等综合性信息,在这些领域的相关研究中得到了广泛应用。当前,已有学者尝试利用夜间灯光数据对贫困进行识别和监测[154]。

一些学者尝试利用 DMSP/OLS 数据对贫困进行评估和识别。Elvidge 等(2009)[155]、Ebener 等(2005)[156]、Noor 等(2008)[157]、Jean 等(2016)[158]、Andreano 等(2021)[159]分别利用 DMSP/OLS 数据估计相关国

家的贫困状况。Wang 等（2012）[160]基于 DMSP/OLS 数据对中国省级贫困进行了评估。Li 等（2019）[161-162]利用平均灯光指数对贫困县进行了识别。袁帅等（2022）[154]以湖南省为研究区域，使用 DMSP/OLS 灯光数据和 BP 人工神经网络模拟县域贫困识别结果，研究发现 DMSP/OLS 夜间灯光数据可以反映地区社会经济发展状况，对掌握贫困分布有参考价值。但是，DMSP/OLS 夜光数据存在缺乏在线定标、空间分辨率不足、信号过饱和（城市中心夜间灯光值不变）[163-164]、波段单一等缺陷[165-168]。此外，DMSP/OLS 数据的空间分辨率仅为 1000 米，难以满足深入分析的需要，而且 DMSP/OLS 数据在 2013 年后已经无法获得。

与 DMSP/OLS 不同，NPP/VIIRS 数据的空间分辨率更高（500 米），包含的信息量更大[169-171]，已在许多领域得到了应用[132,135,140,147,169,170]。一些学者利用 NPP-VIIRS 数据评估中国县级贫困程度，该方面研究分为两类，一类是使用基于统计的多维指数作为基准，以验证 NPP/VIIRS 夜间灯光数据估算贫困的准确性。其中，潘竟虎和胡艳兴（2016）[75]、Yu 等（2015）[163]、Liu 等（2018）[168]均使用单一年份的 NPP/VIIRS 夜间灯光数据与基于统计数据的多维相对贫困指数进行回归，研究发现 NPP/VIIRS 数据可以用来评估县级尺度的多维贫困。Shen 等（2019）[171]和 Pan 等（2020）[172]利用连续年份的 NPP/VIIRS 夜间灯光数据与多维贫困指数进行了回归，研究发现 NPP/VIIRS 夜间灯光数据可以用来对多维贫困进行识别。另一类将 NPP/VIIRS 夜间灯光数据作为其中一个指标与其他地理指标或统计指标共同建立了多维贫困指数。Niu 等（2020）[173]和 Shi 等（2020）[174]均使用 2015 年的 NPP/VIIRS 夜间灯光数据进行多维贫困指数的整合，Yin 等（2021）[175]将 2012—2019 年的 NPP/VIIRS 夜间灯光数据和地理环境遥感数据进行整合，并对贫困县进行了识别。

夜间灯光数据因其数据规模较大且具时效性、空间表征明显、客观易获取等优势在监测地区发展状况、评价地区经济水平等领域，尤其是在数据缺乏的地区中运用广泛。学者们使用夜间灯光数据对贫困的识别经历了国家—省（市）域—县域的不同尺度变化，并且不断将目光缩小到更小尺度的贫困识别中。

1.2.6 相对贫困协同治理研究

现有相对贫困治理研究中，基于2020年后的相对贫困治理角度，邢成举和李小云（2019）[38]、韩广富和辛远（2020）[176]、张明皓和豆书龙（2020）[177]、李萍和韦宁卫（2020）[178]、江立华（2020）[179]、周侃等（2020）[180]、樊杰等（2020）[181]等学者从相对贫困内涵出发，提出可持续脱贫治理路径。基于乡村振兴与脱贫攻坚两大战略统筹衔接视角，左停和苏武峥（2020）[27]、陈宗胜等（2020）[45]、高强和孔祥智（2020）[182]、凌经球（2019）[183]提出相对贫困改善机制。从改善基本公共服务角度，胡志平（2021）[184]、林闽钢（2020）[185]提出了相对贫困的治理机制。此外，罗必良（2020）[39]通过建立"机会—能力—保障"逻辑架构，构建了相对贫困治理的长效机制。余扬和虞崇胜（2021）[186]基于差异化的政治哲学视角，结合制度和发展现状，提出具有较强针对性、适应性和有效性的相对贫困治理路径。从"国家—市场—社会—个人"的协同角度，彭新万和张承（2022）[187]面向我国城镇相对贫困的新时期，提出以提升个人可行能力为主要内容的协同治理体系。万兰芳和向德平（2018）[188]提出在政府、市场、社会三方协作之下，通过普遍性的社会保障和全面有效的社会保护进行相对贫困的治理。

相对贫困的协同治理模式研究中，刘俊生和何炜（2017）[189]从扶贫主体、扶贫内容、扶贫方式三方面将参与式扶贫与协同式扶贫相比，总结出协同式扶贫的优势。王国敏和何莉琼（2021）[190]认为在建立包括收入和非收入的多维相对贫困标准的基础上，构建以政府为主导、社会为驱动、市场为来源、自身为主要动力的体系，实现多元主体对相对贫困的协同治理。姜秀敏和李月（2021）[191]运用SFIC模型，提出党委—乡镇政府—企业带动—村民配合的"一核多元"协同扶贫模式。金福子等（2022）[192]基于中国反贫困理论及协同治理理论，通过SCP范式的典型案例研究，总结了多元主体参与贫困治理的意义。

1.2.7 文献评述

通过对已有文献的总结和分析可以看出,相对贫困研究的重点和热点在不断发生变化。在研究维度上,已由单一收入维度向包括收入、生活质量、教育和医疗在内的多维度转变;在研究尺度上,已由国家整体层面向区域、省(市)和县域尺度转变;在研究时态上,已由静态向动态转变。同时,相对贫困治理正在经历由单一主导向多元协同治理转变。总体而言,相对贫困相关研究已取得重要进展,但在以下方面仍需进一步深化和探索。

(1)关于相对贫困测度的研究。国内外对相对贫困内涵和测度研究的成果比较丰富,对其进行多维测度已成共识,但在测度的维度数量、维度指标、维度和指标权重以及测度方法等方面尚存在分歧。

(2)关于相对贫困监测的研究。由于统计数据缺失和更新慢,对相对贫困的识别和动态监测困难。基于夜间灯光数据的相对贫困动态测度和识别有效且可行,但测度对象大都集中在县级尺度,对于更小尺度相对贫困动态测度的研究未见报道,同时对夜间灯光的校正、提取、融合等的研究仍需要改进。

(3)关于相对贫困影响因素的研究。国内外对相对贫困影响因素的研究较多,主要集中在对多维相对贫困指数的指标分解上,研究结果存在较大差异,且研究方法多以静态分析为主;关于影响因素对相对贫困作用机理的研究,鲜有见到基于时间和空间效应考虑产业发展对相对贫困影响的成果。

(4)关于环京津地区相对贫困的研究。在有关环京津地区相对贫困研究中,大多数研究制定的多维相对贫困标准所选维度不全面,且没有对各个维度进行相对重要性区分,会导致对相对贫困的判别出现偏差;相对贫困的治理主要集中在县域尺度上,重点关注生态、旅游、金融、交通和教育等方面,且多以定性研究为主,系统性的研究相对较少。

1.3 研究内容

根据对国内外相关研究的总结和分析，结合环京津地区贫困治理现状和需求，确定本书重点研究以下内容：

（1）环京津地区相对贫困测度与识别研究。界定相对贫困概念内涵，确定相对贫困测度的维度和指标，构建相对贫困多维测度指标体系；选择相对贫困多维测度指标体系中不同维度和指标的权重确定方法，建立多维相对贫困指数计算模型，并利用构建的多维相对贫困指数模型计算环京津地区各县域相对贫困指数；建立相对贫困判别标准，并对环京津地区县域相对贫困进行识别和分类。

（2）环京津地区相对贫困时空演变特征研究。利用探索性数据分析方法分析环京津地区县级尺度相对贫困的时空特征及其演变规律，采用全局自相关和局部自相关分析方法，探究环京津地区县级尺度相对贫困空间关联性，确定其空间关联性特征。

（3）环京津地区相对贫困影响因素研究。采用指标贡献度分析方法，分析并确定县级尺度相对贫困关键影响因素；采用地理探测器和基于全息映射的面板时空地理加权回归模型分别分析环境—地形和产业发展对县级尺度相对贫困的影响，厘清这些因素对相对贫困的影响程度。

（4）环京津地区相对贫困协同治理机制研究。基于校正后的NPP/VIIRS夜间灯光数据，构建环京津地区不同尺度多维相对贫困指数估算模型，利用夜间灯光数据动态估算不同尺度多维相对贫困指数，通过对估算结果的分析和研判，实现对不同尺度相对贫困的动态监测；依县级尺度相对贫困主要影响因素分析结果，提出环京津地区县级尺度相对贫困的治理策略；基于SFIC模型，提出乡镇尺度相对贫困协同治理框架，并结合具体乡镇，进行应用实践。

1.4 研究方法和技术路线

1.4.1 研究方法

根据确定的研究内容，考虑研究问题的特点，将主要应用模糊层次分析法、熵权法、探索性空间数据分析法、地理探测器、基于全息映射的面板时空地理加权回归模型和 SFIC 模型等进行建模和问题分析。

（1）模糊层次分析法。层次分析法是常用的多因素多目标决策的主观赋权方法，模糊层次分析法通过引进模糊一致矩阵的概念，解决了层次分析法具有的检验判断矩阵是否具有一致性非常困难等问题。在本书中，使用模糊层次分析法实现对多维相对贫困指数的主观赋权。

（2）熵权法。熵权法通过计算指标的离散程度判断其在综合指标中的权重，一个指标的离散程度越大，其在综合指标中的权重越高，熵值就越小。因此，该方法可以为指标进行客观赋权。在本书中，使用熵权法为多维相对贫困指数计算中的不同维度指标进行客观赋权。

（3）探索性空间数据分析方法。探索性空间数据分析可以从时间和空间两个维度把握区域经济发展中相关变量的空间格局。在本书中，采用该方法对环京津地区相对贫困县的时空格局进行分析，具体采用全局自相关和局部自相关方法对环京津地区相对贫困空间关联特征进行研究。

（4）地理探测器。地理探测器主要用来检验单变量的空间分异性和两两变量间的因果关系。在本书中，采用地理探测器的因子探测和交互探测分析环境—地形因素对环京津地区相对贫困的影响。

（5）时空地理加权回归模型。面板时空地理加权回归模型（PGTWR）由经典的面板数据计量经济学模型衍生而来，包含了时间维度和空间维度的特定形式。PGTWR 模型强调所有地区所有时期同一解释变量参数不同。在本书中，采用 PGTWR 模型研究产业发展对相对贫困的影响。

（6）SFIC 模型。SFIC 模型是 Ansell 和 Gash 在对全球 137 个协同治理方案进行分析基础上构建的协同治理模型，用于分析政府、职能部门、社会组织、企业和民众等多元主体为达成某种目标的协同治理过程。在本书中，采用 SFIC 模型建立环京津地区乡镇尺度相对贫困协同治理框架。

1.4.2 技术路线

按照"提出问题—分析问题—解决问题"的思路，本书的技术路线如图 1.1 所示。

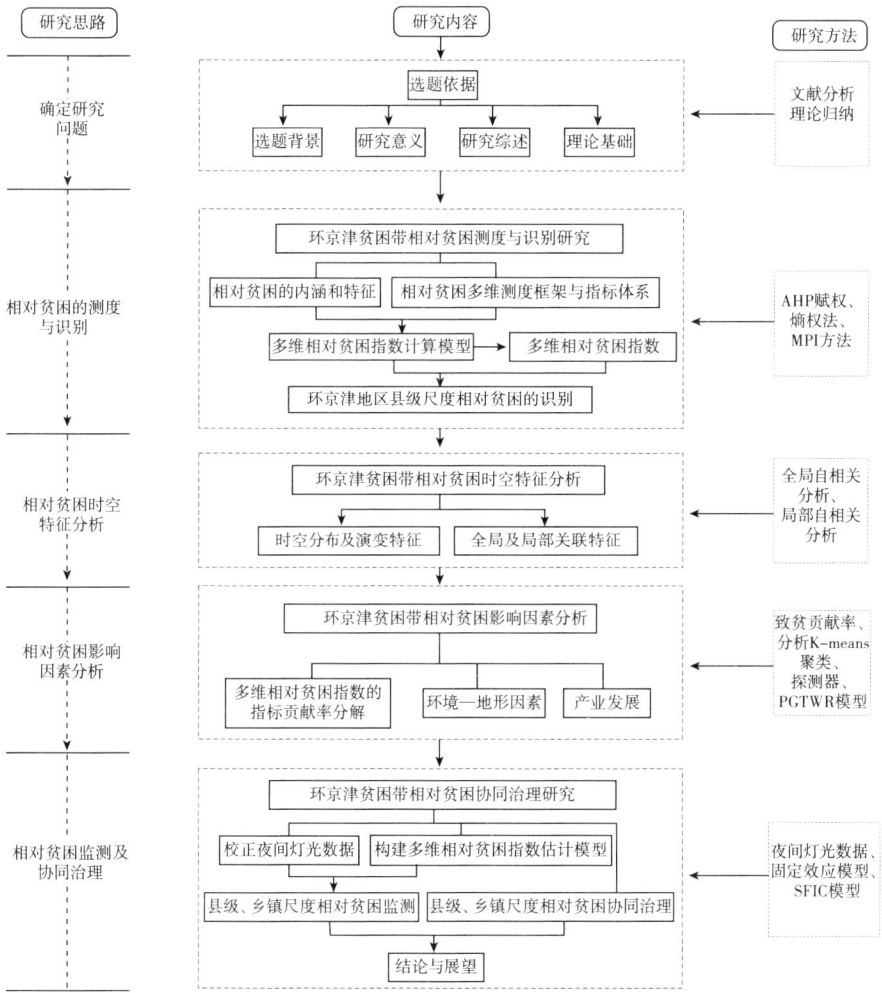

图 1.1　技术路线

2 概念和理论基础

本章界定了绝对贫困与相对贫困、多维贫困、产业扶贫等概念，总结了相对贫困的特性。阐述了空间贫困、可持续发展与协同治理等理论，为研究开展提供基础支撑。

2.1 基本概念

2.1.1 绝对贫困与相对贫困

随着社会的发展以及人类的进步，学者们从经济学、发展学、社会学、政治学等不同学科视角对贫困的概念进行了诠释。经济学家从货币的角度诠释贫困，并由此区分出了最基本也是最常用的绝对贫困和相对贫困的概念[5]。作为贫困的不同表现形态，绝对贫困与相对贫困相互区别又相互依存[5]。

绝对贫困的概念由 Booth（1887）[19]提出，他给出了贫困家庭的定义：每周少于18便士的收入且养育6个孩子，同时给出贫困人口的认定条件：没有工作且不存在酗酒与赌博的行为。Rowntree（1901）[20]将贫困认定为：个人或家庭无法获得满足食品、衣服、租金等基本需求所需的收入的状态。由此可见，绝对贫困描述的是生活中的基本需求。詹姆斯与斯科特曾非常形象地用比喻描述了绝对贫困的概念：陷入绝对贫困状态的群体好像站在与脖子齐平深的水中一样，一阵浪花涌来，就会陷入生存困境[193]。

早在19世纪60年代，马克思和恩格斯就曾对相对贫困做过一个比喻：

"社会对住房的要求并不取决于一座房子有多小,而取决于周围的房屋是否都是一样小。如果其近旁耸立起一座华丽的宫殿,那么这座小房子就对比成了茅舍一般。[194]"正如经济学家 Galbraith 分析的那样,一个人或家庭是否处于贫困状态,会受到他人或家庭的影响,即取决于社会上其他人或家庭的富裕状态[195]。Townsend(1979)[30]、Sen(2000)[31]分别从资源分配、权利剥夺角度来定义相对贫困。Foster(1998)[196]基于需求资源角度定义相对贫困,即个人或家庭所获资源达不到群体所获资源贫困线的状态。因此,处于相对贫困状态的群体并不一定缺乏维持生存最基本的需要[33]。相对贫困通常不取决于个人或家庭的实际生活状况,而是与参照群体的生活状况紧密相关[39]。由此可见,相对贫困并不意味着缺乏维持生命最基本的需要,而是存在于人们的相互比较中:相对贫困指社会中的部分成员所拥有的经济、生活、教育、医疗、社会保障等方面的资源明显低于社会中其他成员所平均支配的资源时的状态。

总之,绝对贫困是物质上或经济上的最低生理需求得不到满足,侧重基本生存所需。相对贫困是参照目标群体后产生的一种落后和收入下降的状态,侧重相对排斥和相对剥夺。因此,我们认为,相对贫困应是指个人或家庭所拥有的资源,虽然可以满足其基本的生活需要,但是不足以使其达到社会公认且相对理想的生活水平。绝对贫困经过一定的扶贫工作可以被消除,相对贫困在任何社会发展阶段都存在。

2.1.2 相对贫困的特性

在欧洲联盟发布的《欧洲2020》政策文件中,曾提出了明确的减缓相对贫困目标。在该文件中,明确相对贫困指收入水平低于人均等值可支配收入中位数的60%,主要关注的是返贫风险。可见,相较于绝对贫困,相对贫困的治理充满复杂性和艰巨性。相对贫困具有如下特性:

(1)相对性。相对性是相对贫困的本质属性[52]。个人或家庭是否处于相对贫困状态取决于处于相同社会经济环境下的其他社会成员的富裕状态,而这种对比可以随着社会发展及人们生活的不同追求而表达为物质上的、社会上的或情感上的相对匮乏,并经历不断的解构与重构。

（2）多维性。相对贫困的测定标准不仅包括收入标准，还包括生活质量的好坏、交通是否便利、接受教育程度、接受医疗程度，等等。这与社会发展程度及人们对幸福生活的追求有关。

（3）动态性。相对贫困没有绝对的标准，随着社会经济的发展以及人们对生活的追求，其参照系会不断发生变化，即相对贫困的测定标准处于动态变化中。

（4）主观性。相对贫困并不意味着缺乏维持生命最基本的需要，而是存在于满足人民基本生活需求之外，因此更多地涉及人们的主观感受与社会共识。若客观贫困是基于客观事实（如食不果腹、衣不蔽体）形成的判断，那么相对贫困可以视为基于资源获得感、生活幸福感及设施满意度的主观感受，所以相对贫困可以表达为主观贫困。

（5）长期性。无论从可利用的自然资源、经济机会的不平等还是从个人能力来看，不同群体所支配的资源水平都不可能达到绝对的均衡，不平衡和不平等是长期存在的。因此，以社会生活中他人所支配的资源为参照标准的相对贫困将会长期存在。

2.1.3 多维贫困

绝对贫困通常采用收入进行衡量，即根据贫困群体维持基本生活所需资源的货币标准划定收入贫困线[54]。而相对贫困是典型的多维贫困概念[45]。Baulch（1996）[197]根据相对贫困的多维特点构建了以收入或消费作为顶点，以公共资源、基础设施、公共服务作为中间段，以贫困个体的主观感受作为底部的"贫困金字塔"，形象地展示了随着社会的发展，人类对相对贫困的评价会越来越多维。

基于"可行能力"，Sen（2000）提出用一个人所具有的可行能力来判断其个人的处境[31]，即把发展看作人们享有实质自由（包括免受如饥饿、疾病等的基本可行能力）的过程，可行能力强调了"多维度"和"物质的和非物质的"等促进生活质量的要素[198]。自此，以多维视角进行考量逐渐成为学术界对贫困问题研究的主流[42]。国外关于多维贫困的研究成果主要集中在UNDP、世界银行（World Bank）以及牛津大学贫困与人类发展中心（OPHI）。其中，在20世纪末，UNDP将寿命、知识和生活质量等标准作为"人类贫困"的监测范围[52]。之后，UNDP与OPHI联合发布的多维贫困指数MPI（Multidimensional Poverty Index）[199]取代了联合国人类发展报告中的人类贫困指数。MPI指数既能从微观层面测量多维贫困，也能进一步了解贫困的构成，被学者们广泛使用[45]。MPI指数具体维度包括健康、教育和生活水平三方面，测算指标包括营养不良状况、儿童死亡率、完成学校教育情况、儿童入学率、家中使用的做饭燃料、家中的卫生设施、是否能获得安全饮用水、住房是否通电、住房情况及家中拥有的电视机、收音机等耐用消耗品数量等10个指标。其中指标的设定均根据指标可持续发展目标而来，权重设定为等权重赋权。

多维贫困的核心观点是：人类贫困不仅体现在收入上，也包括交通、基础设施等其他主观感受的贫困。即不仅反映收入不足的"贫"，也反映了在饮水、通信、教育、医疗、交通等基本服务上的"困"[54,66]。因此，当前对我国相对贫困问题的探讨也应该从多维贫困角度进行。

我国扶贫工作经历了从1986—2010年解决基本生存需要的"吃、穿、住"到2010—2020年解决"吃、穿、教育、医疗、住房安全"即"两不愁 三保障"的标准转变。从衡量维度上，经历了从收入单一维度向多维标准转变[51]。结合我国扶贫现状，以多维贫困为核心的相对贫困测量体系更能实现有效的贫困瞄准[52]。因此，在对环京津地区多维相对贫困的研究中，将从相对贫困和多维贫困的概念出发，构建多维相对贫困指数计算模型，计算环京津地区多维相对贫困指数，划定相对贫困标准，从而实现对相对贫困的识别。

2.1.4 产业扶贫

产业扶贫是支撑贫困人口就业、增收和贫困地区经济发展的有效途径。它以产业扶贫政策为依托、以市场需求为导向、以贫困地区的资源特点为基础，进行产业规划、选择和发展，以完成经济效益，使得贫困地区区域经济增强[46]。

产业扶贫的概念首次出现在《中国农村扶贫开发纲要（2001—2010

年)》中[200]。2016年,在《关于印发"十三五"脱贫攻坚规划的通知》中,再次强调了发展产业脱贫[201]。由于产业扶贫具有将"输血"转为"造血"的显著特点,能够显著提高贫困户的收入且对农村地区的贫困困境明显改善。产业扶贫首先将当地农村的土地、特色资源、劳动力、市场等整合以达到高效利用,将贫困人口纳入产业链中,既解决了就业问题,又克服了个体发展能力弱、风险大的问题,并通过分红和劳动获得收入,如此过程,带动贫困农村通过发展产业途径实现脱贫[202,203]。产业扶贫要综合考虑当地的自然条件、资源特色、人文环境、通信设备和交通设施等条件,要综合考量并对产业扶贫项目进行选择,做到龙头企业、合作社、农户之间协同合作,形成利益共同体,摆脱贫困。

为了因地制宜地制定相对贫困县的产业发展策略,本书将考虑时空双重效应的影响,利用基于全息映射的面板时空地理加权回归模型分析产业发展对环京津地区县级尺度相对贫困的影响,并提出可持续性产业扶贫发展对策。

2.2 理论基础

2.2.1 空间贫困理论

多维贫困关注经济和社会两个维度,其地理学意义在于运用了以地域为基础的研究方法,包括如何综合各方面的指标和指标所依托的地域尺度[204]。20世纪90年代,世界银行等国际组织十分重视空间贫困的研究及其成果应用[205]。从理论构成角度,空间可达性、地理因素、资源及生态差异等因素均在空间贫困理论的考虑范畴,其目的是探讨贫困的空间分布以及贫困与地理环境间的关系[206]。2006年,联合国粮农组织利用ArcGIS地理信息系统,从空间视角分析贫困的空间表达,清晰形象地将贫困区的经济水平对应地理位置可视化。这种可视化无疑是空间贫困最重要的成果之一,因为绘制出的空间贫困地图能够为政策制定者提供"看得见的政策建议"[207]。Kam和Hossain(2005)[208]通过对农村贫困的空间贫困研究,提出关注贫困的地区差异性,并据此针对不同地区提出不同的减贫措施。

Jones 和 Sen（2006）[209]通过研究农村空间贫困，认为发展要针对特定空间制定对应的减贫策略。Zhou 和 Liu（2019）[210]对贫困地理学的研究进行了综述，提出贫困地理学的研究范围，如研究贫困的地理格局、分布特征、地理类型、演化机制以及反贫困措施，并对其未来的发展进行了展望。

以地理学、经济学、社会学为基础的研究方法，是测度空间贫困的主要方法[207]。空间贫困的主要研究方法与代表成果如表 2.1 所示。

表 2.1 空间贫困主要研究方法与代表成果

作者	案例应用	研究方法
Burke 和 Jayne（2008）[211]	使用回归模型探究贫困的主要影响因素，利用 GPS 将结果可视化	GPS、回归模型
Epprecht 等（2009）[212]	使用空间自相关和回归模型研究了越南的贫困和不平等问题	ArcGIS、空间自相关分析、回归模型
Thongdara 等（2012）[213]	使用空间自相关分析农户贫困的空间分布特征	ArcGIS、空间自相关分析
刘一明和胡卓玮（2015）[214]	以武陵山连片特困区县域为例，构建贫困评价指标，利用 ArcGIS 和 BP 神经网络，探究贫困的空间分布特征	ArcGIS、BP 神经网络
张亚明等（2018）[114]	构建环京津贫困带贫困指标，使用灰色关联综合评价模型和 ArcGIS 分析环京津贫困带空间贫困分异结构	ArcGIS、灰色关联综合评价
程明望等（2020）[215]	以江西革命老区为例，采用空间探索性分析和空间计量模型，探究其空间贫困分异特征、陷阱形成机制及影响因素	ArcGIS、ESDA 空间探索性分析、空间计量模型
Liu 等（2022）[216]	以湖北省为例，研究了 2013—2019 年县域和 2013—2017 年村级贫困发生率的空间相关性变化以及贫困决定因素的时空变化	全局 Moran's I、局部 Moran's I、Lineman、Merenda 和 Gold 方法
Shi 等（2022）[217]	对"一带一路"沿线国家在减贫方面取得的成就以及贫困重心的空间轨迹进行研究	标准差椭圆

空间贫困的研究结果常以空间贫困地图方式表达，并做进一步的地图分析。综合来看，大多采用 ArcGIS 技术实现空间贫困的可视化。此外，将 ArcGIS 与空间相关性分析、回归分析、空间计量模型等方法结合进行研究取得了重要成果。空间贫困理论发展最成功之处在于提供地图式的政策建

议，可以为决策层提供参考并成为制定扶贫地域政策的重要依据[207]。

21世纪以来，在减贫和反贫困研究和实践中，贫困地理研究得到快速发展。其主要研究方向有贫困区划分类[218]、贫困空间异质性分析[219]、贫困与地理要素耦合[220]、反贫困政策研究[221]等。因此，在本书中，将依空间贫困理论，以环京津地区为研究对象，采用探索性空间数据分析方法，对环京津地区相对贫困县域的空间分异特征进行分析，为有针对性地制定相对贫困治理策略提供依据。

2.2.2 可持续发展理论

2002年8月，在南非约翰内斯堡召开的第一届可持续发展世界首脑会议（World Summit on Sustainable Development）上，首次将消除贫困和可持续发展联系起来[222]。可持续发展理论提出，要实现可持续发展就要将人的现实需要和实现这个需要所面临的资源限制联系起来，保证不会因一时的生存需要短期内将所需资源消耗殆尽[223]。

在我国全面消除绝对贫困之后，脱贫人口在经济发展、社会生活中仍将处于相对贫困状态，若不进一步采取强有力措施，脱贫人口会停留在脱贫状态，无法获得进一步改善，就无法实现可持续发展的目标，这不符合我国新时期缓解相对贫困的发展理念——走向共同富裕。

对于产业扶贫而言，若缺乏可持续措施，那么上述目标就无法实现，这会影响相对贫困地区整体可持续发展水平。可持续发展理论应用于产业扶贫中，就是要把可持续理念贯穿于产业扶贫项目中，可持续地推动相对贫困地区产业发展，让脱贫人口逐渐缓解相对贫困，走向共同富裕，这就要求在相对贫困的治理阶段针对产业发展短板继续提升产业扶贫效果[224]。

我国新时期的扶贫策略面向治理相对贫困展开，相对贫困的长期性、艰巨性与产业扶贫的可持续发展理念相契合，因此，本书在构建相对贫困协同治理机制时，需要结合产业扶贫概念与可持续发展理论，有针对性地提出缓解相对贫困的对策。

2.2.3 协同治理理论

1. 协同治理的内涵

20 世纪 70 年代,德国著名理论物理学家 Haken 创立了协同理论[225]。他认为协同学是研究由完全不同质的大量子系统通过某种方式实现并构成的稳定的复合系统,这种系统整体和谐稳定,并促成新的结构和功能,发挥出双系统增强的协同效应。其中,子系统可以是细胞、动物或人类社会。如果缺少这种协同,整个系统会出现内耗状态甚至面临失序。

作为自然科学的协同论与社会科学的治理理论交叉的学科,协同治理主要指政府、市场、社会组织及公民等行为主体,为实现共同的发展目标通过协商、合作和制定规则等方式对社会事务进行有效管理的过程[190]。

2. 协同治理的特性

协同治理具有多元、协同和规执等特性[225,226]。

治理主体的多元性。在多元化的社会背景下,单中心治理模式由于缺失公平,矛盾丛生而日益被"多中心治理"理念替代。为了兼容多方的利益需求,除政府之外,包括社会组织、企业、公民在内的利益方均可以参与公共事务治理,以更好地达到治理目标并实现社会的公平正义。

治理系统的协同性。面对社会系统的动态多样性和复杂性,要想实现整个社会系统良好发展,要求各个子系统之间具有协同性。在协同治理的多元主体关系中,某一个主体可能在特定的交换过程中处于不以单方面发号施令形式的主导地位。即在协同治理过程中,强调政府不再仅依靠强制力,而更多的是通过政府与社会组织、企业等各个主体之间的自愿平等与协作来完成社会公共事务。

治理环境的协同性。协同治理环境中,其他社会组织则试图摆脱政府的控制,而要求实现自己自主负责。这样一来,社会系统功能的发挥就需要各个组织之间的协同。在治理环境中,通过政府的组织,完成的是各个组织间的协同过程以及权力和资源互动的过程。

协同行为的规执性。协同治理过程离不开行动规则的制定。各种行为主体都认可的行动规则的制定影响着平衡治理结构的形成。在这个过程中，政府作为规则的最终决定者，其意愿影响着规则的制定，而各个主体之间的竞争与协作是促进规则最后形成的关键。

3. 协同治理模型

西方学者 Ann 在前人基础上，对协同行为构建了五个维度的协同多维模型，包括治理、行政、自治、关系、信任和互助的维度[227]。Bryson 等（2006）[228]构建了跨部门协同的分析模型，包括初始条件、过程、结构和治理、偶发事件与约束条件、产出与问责等五个层次，该框架考虑因素较全面，涵盖全过程，但不足之处在于较简单地解释协同过程。Ansell 和 Gash（2008）[229]提出 SFIC 模型，认为初始条件、催化领导、制度设计及协同过程构成了模型的基本要素。基于政府与社会之间的互动关系，郁建兴与任泽涛（2012）[230]构建了一个社会协同治理模型，在这个社会治理机制中，政府在社会治理格局中占主导地位，多种形式地推动社会发挥自主治理作用、参与提供公共服务等，形成协同治理。

4. 协同式扶贫

2014 年，国务院在《关于进一步动员各方面力量参与扶贫开发的意见》中指出："要形成政府、社会、市场协同推进的大扶贫格局，支持社会团体、企业等积极从事扶贫开发事业。"扶贫事业具有多元协同的相关特征，不仅要注重"多元"参与，也要注重"协同"效应，形成协同式扶贫。

多元性的协同式扶贫意味着扶贫主体的转变，不同于参与式扶贫，政府不再是唯一的扶贫主体，社会组织、企业、民众等都可成为扶贫主体。在协同式扶贫的治理中，通过与参与主体进行平等、互谅的协商来促成各方合作，从而完成贫困治理工作。在这种治理环境中，各方的协同性促使各要素实现有机组合，使得协同主体自觉自愿治理贫困问题。协同式扶贫是一种集体行为，其协同行为的规制性表现为：各参与主体共同制定扶贫规则，以此确定各自的行为规范，以完成目标一致的贫困治理行为。总之，协同式扶贫就是要动员多个参与主体参与治理贫困问题，这期间多个主体有效合作、相互配合、达成一致。

新时期的扶贫要求，就是要动员多个主体参与扶贫，缓解相对贫困，实施乡村振兴战略。SFIC模型将协同治理设计为由多方主体和多种关系组成的复杂的治理过程，与环京津地区镇域相对贫困协同治理案例具有良好的适应性和契合度。因此，在本书中，将基于SFIC模型，构建环京津地区乡镇尺度相对贫困协同治理框架。

3 环京津贫困带相对贫困测度与识别

在已有研究基础上，依界定的相对贫困、多维贫困的内涵，构建相对贫困多维测度指标体系；选择维度和指标的权重确定方法，建立多维相对贫困指数计算模型，计算环京津地区各县域相对贫困指数；建立相对贫困判别标准，并对环京津地区县域相对贫困进行识别和分类。

3.1 研究区域和数据来源

3.1.1 研究区域

根据2010年河北省政府颁布的《河北省环京津地区产业发展规划（2010—2015）》，环京津地区的地理范围包括廊坊市、保定市、张家口市、承德市、唐山市和沧州市6个地区。以县域作为研究环京津地区相对贫困的尺度，则区域内共包含72个县（不含市区）。数量分布情况为：廊坊市8个、保定市22个、张家口市13个、承德市8个、唐山市7个和沧州市14个。

3.1.2 数据来源

环京津地区县级尺度统计数据均选自2012—2019年。其中，单位从业人员来源于各市统计年鉴：《廊坊经济统计年鉴》《保定经济统计年鉴》《张家口经济年鉴》《承德统计年鉴》《唐山统计年鉴》和《沧州统计年鉴》。其余数据均来源于《河北经济年鉴》以及《河北统计年鉴》。为了保证数据的完整性，共收集 71 个县域数据（其中张家口的宣化县在 2016 年与宣化区合并，由于前后统计口径不一致，且缺失数据较多无法做合并处理，故略去此区），其他县域部分缺失数据用平均值补齐。张家口市的崇礼县在 2016 年被设立为崇礼区，为了保持名称一致，在本书中均使用崇礼区。为了称谓方便，围场满族蒙古族自治县简称为围场县，宽城满族自治县简称为宽城县，丰宁满族自治县简称为丰宁县，大厂回族自治县简称为大厂县，孟村回族自治县简称为孟村县。

3.2 相对贫困多维测度指标体系的构建

3.2.1 相对贫困多维测度基础

2011 年，中国政府制定了《中国农村扶贫开发纲要（2011—2020 年）》，纲要中提出了"两不愁 三保障"的脱贫目标。汪三贵和孙俊娜（2021）[231]提出"两不愁 三保障"，即不愁吃、不愁穿，义务教育、基本医疗、住房安全有保障，是农村贫困人口脱贫的基本要求和核心指标。"不愁吃、不愁穿"主要在于确保贫困人口的基本生存；"义务教育、基本医疗和住房安全"旨在促进贫困人口的自我发展。

党的十九大报告中提出："新时代我国社会主要矛盾已经转化为人民日益增长的美好生活需要和不平衡不充分的发展之间的矛盾。"这种发展的不平衡不充分不仅体现在收入方面，也体现在教育、医疗等领域。传统的以单一收入指标衡量贫困的标准相对片面，而多维贫困既体现了贫困群体维持生存的"困"，也反映了其实现自我发展的"贫"。因此，我们将结合"两不愁 三保障"的脱贫目标，构建新时期相对贫困的多维测度指标体系。

相对贫困多维测度的概念框架如图 3.1 所示。

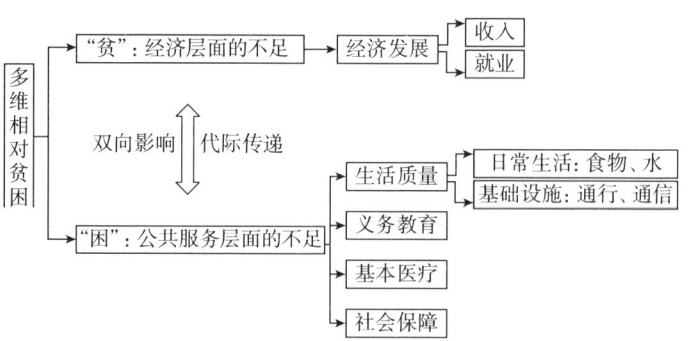

图 3.1 相对贫困多维测度的概念框架

3.2.2 相对贫困多维测度指标体系构建

2020年后，中国的扶贫工作由解决绝对贫困向缓解相对贫困转变，而构建相对贫困测度标准是开展相对贫困治理工作的前提。由于目前我国没有明确公布多维相对贫困标准，多数研究都是借鉴联合国开发计划署提出的全球多维贫困指数（Multidimensional Poverty Index，MPI）。MPI从教育、健康和生活水平3个维度共10个指标来度量贫困状况，分别为儿童入学率、受教育程度，儿童死亡率、营养状况，卫生设施、用电、饮用水、屋内地板材质、做饭燃料和耐用消费品。虽然MPI较全面地描述了影响个体发展的基本因素，但由于中国客观环境的不同以及社会发展水平的差异，MPI中的一些具体维度和指标需要结合我国具体国情和实践加以调整[54]。

结合多维相对贫困的内涵，综合考虑中国国情和现有研究，本书从经济发展、生活质量、义务教育、基本医疗和社会保障五个方面构建相对贫困多维测度指标体系，具体如表3.1所示。既包括反映"贫"的经济维度，也包括反映"困"的社会发展维度。

表 3.1 相对贫困多维测度指标体系构成

维度	指标	指标解释
经济发展	农村居民人均可支配收入	农村居民人均可支配收入
	人均公共财政预算收入	一般公共财政预算收入/县域总人口
	就业率	单位从业人员/县域总人口

续表

维度	指标	指标解释
生活质量	人均粮食产量	粮食总产量/县域总人口
	自来水受益村率	县域内自来水受益村率
	移动电话用户率	移动电话用户/年末总户数
	路网密度	公路里程/县域面积
义务教育	师资教育水平	县域内教师总数/在校学生总数
	受教育程度	在校学生总数/县域总人口
基本医疗	卫生机构床位数	县域内卫生机构每万人床位数
	医疗技术人员比例	医疗卫生机构技术人员数/县域总人口
社会保障	基本医疗保险参保率	基本医疗保险参保人数/县域总人口
	基本养老保险参保率	基本养老保险参保人数/县域总人口

1. 经济发展维度

增加收入[232]和促进就业[233]是缓解相对贫困的重要途径，因此在经济发展维度选取了收入和就业率两个方面的指标。调查显示，绝大部分贫困问题都发生在农村，为了使收入指标不受城镇居民收入的影响，采用农村居民人均可支配收入作为表征收入方面的指标之一。考虑到税收对相对贫困的影响，采用人均公共财政预算收入作为表征收入方面的另一指标。在就业方面，则采用就业率作为其测度指标。

2. 生活质量维度

在生活质量维度，主要考虑日常生活和基础设施两个方面。日常生活关注的重点为粮食[234]、自来水[235]等居民日常所需，采用人均粮食产量和自来水受益村率作为其表征指标。顺畅的对外沟通是实现相对贫困地区人员和产品流动的重要前提[236]。因此，基础设施方面主要考虑两个因素，一个是相对贫困地区的道路建设；另一个是相对贫困地区的信息获取能力。采用路网密度和移动电话用户率作为其表征指标。

3. 义务教育维度

提高相对贫困地区人口的教育水平能够阻断贫困的代际传播，是摆脱贫困的根本路径。因此，在义务教育维度，选择代表当地教育水平的师资教育水平和受教育程度作为其表征指标。

4. 基本医疗维度

调查数据显示，因病致贫、因病返贫户在所有贫困户里的占比高达44.1%。因此，医疗水平对相对贫困的影响非常重要。在基本医疗维度，选取代表医院的医疗条件和医疗水平的卫生机构床位数和医疗技术人员比例作为表征指标。

5. 社会保障维度

完善相对贫困地区的医疗保险能够有效防止脱贫户因病返贫情况的出现[237]，养老保险能够保障劳动能力低下的老年人口的基本生活[238]。因此，在社会保障维度，选取基本医疗保险和基本养老保险的参保比例作为其表征指标。

3.2.3 相对贫困多维测度指标相关性分析

1. 指标赋值

从收集的环京津地区县级尺度统计数据中，抽取2012—2019年71个县的相关数据对表3.1中的各指标进行赋值，共计568个变量，其描述性统计如表3.2所示。

表3.2 变量的描述性统计

	缩写	最小值	最大值	均值	标准差
农村居民人均可支配收入	RI	0.3079	2.5418	1.0994	0.4002
人均公共财政预算收入	PF	0.2100	0.6600	0.5047	0.052
就业率	ER	0.0300	2.2800	0.2152	0.2433
人均粮食产量	POG	0.0700	1.3900	0.5001	0.2176
自来水受益村率	WV	0.0000	9.5500	0.915	0.3996
移动电话用户率	MS	0.2400	4.8200	2.5925	0.8031
路网密度	RN	0.2100	3.1500	1.1491	0.5102
师资教育水平	TE	0.0400	0.1700	0.0689	0.0148
受教育程度	EL	0.0400	0.1900	0.1173	0.0235

续表

	缩写	最小值	最大值	均值	标准差
卫生机构床位数	HB	0.0300	0.6000	0.166	0.0981
医疗技术人员比例	MT	0.0000	0.0040	0.0004	0.0004
基本医疗保险参保率	MI	0.0900	3.6300	0.9131	0.266
基本养老保险参保率	EI	0.1000	3.5400	0.6405	0.2293

2. 数据的标准化

选取的相对贫困多维测度指标间的量纲不同，应对其进行无量纲化处理。由于本书选定的指标均为正向指标，其标准化公式为：

$$X_{ij} = [x_{ij} - \min(x_{ij})] / [\max(x_{ij}) - \min(x_{ij})] \quad (3.1)$$

其中，x_{ij} 为第 i 个维度下第 j 个指标值，$X_{ij} \in [0,1]$，$\max(x_{ij})$、$\min(x_{ij})$ 分别是第 j 个指标下的最大值和最小值。

3. 指标相关性分析

相关性分析可以用来探究两个元素之间是否存在某种相关或依存关系，且可以判断相关的性质和程度。借助此方法，可以剔除同一维度内有显著相关性的指标，从而克服信息冗余问题[239]。在所有数据经过标准化处理后，两个指标之间的相关系数的计算公式如下：

$$R_{ij} = \frac{\sum_{p=1}^{n}(X_{pq} - \overline{X_q})(X_{pr} - \overline{X_r})}{\sqrt{\sum_{p=1}^{n}(X_{pq} - \overline{X_q})^2 \sum_{p=1}^{n}(X_{pr} - \overline{X_r})^2}} \quad (3.2)$$

其中，X_{pq} 为第 p 个维度下第 q 个指标值，X_{pr} 为第 p 个维度下第 r 个指标值，$\overline{X_q}$ 和 $\overline{X_r}$ 分别为第 q 个指标值和第 r 个指标值的平均值，$|R_{ij}| \in [0,1]$，临界值为 0.9，R_{ij} 的正负性反映变量之间相关关系性质，当两个指标相关系数绝对值大于 0.9 时，剔除其中相对次要指标。

相对贫困多维测度指标的相关性如表 3.3 所示。由表 3.3 可知，所有指标的相关系数绝对值均小于 0.9，且绝大部分指标之间通过了在 10% 水平下的显著性检验。指标两两之间不存在或仅存在较小的相关关系，不存在冗余。相关性分析在统计意义上证实了多维相对贫困指数中指标选取的合理性。

表3.3 环京津地区县级尺度相对贫困多维测度指标相关性系数表

	RI	PF	ER	POG	WV	MS	RN	TE	EL	HB	MT	MI	EI
RI	1	-0.01	0.58***	-0.17***	0.08*	0.35***	0.50***	0.10**	0.19***	0.43***	0.15***	0.12***	0.12***
PF	-0.01	1	-0.18***	0.23***	-0.03	-0.04	-0.08*	0.15***	-0.27***	-0.23***	-0.08*	-0.22***	-0.22***
ER	0.58***	-0.18***	1	-0.23***	0.66	0.27***	0.56***	0.09**	0.17***	0.18***	0.11***	0.07	0.04
POG	-0.17***	0.23***	-0.23***	1	0.04	0.09**	0.18***	-0.05	-0.14***	-0.09**	-0.07	-0.02	0.67
WV	0.08*	-0.03	0.66	0.04	1	0.11***	0.12***	-0.04	0.08*	0.06	0.10*	0.03	0.05
MS	0.35***	-0.04	0.27***	0.09**	0.11***	1	0.47***	-0.29***	0.50***	0.42***	0.22***	0.24***	0.21***
RN	0.50***	-0.08*	0.56***	0.18***	0.12***	0.47***	1	-0.16***	0.30***	0.31***	0.13***	0.10**	0.05
TE	0.10**	0.15***	0.09**	-0.05	-0.04	-0.29***	-0.16***	1	-0.67***	-0.33***	-0.11***	-0.14***	-0.06
EL	0.19***	-0.27***	0.17***	-0.14***	0.08*	0.50***	0.30***	-0.67***	1	-0.67***	-0.33***	0.28***	0.21***
HB	0.43***	-0.23***	0.18***	-0.09**	0.06	0.42***	0.31***	-0.33***	-0.67***	1	0.34***	0.38***	0.31***
MT	0.15***	-0.08**	0.11***	-0.07	0.10*	0.22***	0.13***	-0.11***	-0.33***	0.34***	1	-0.03	-0.02
MI	0.12***	-0.22***	0.07	-0.02	0.03	0.24***	0.10**	-0.14***	0.28***	0.38***	-0.03	1	0.88***
EI	0.12***	-0.22***	0.04	0.67	0.05	0.21***	0.05	-0.06	0.21***	0.31***	-0.02	0.88***	1

注：＊＊＊、＊＊和＊分别表示各指标在1%、5%和10%水平下显著。

3.3 多维相对贫困指数计算方法

3.3.1 多维相对贫困指数计算模型

从多维角度对相对贫困进行测度，不同维度及相应指标的权重应该存在差异性。以构建的相对贫困多维测度指标体系为基础，参照多维贫困指数（MPI）的构建方法，构建多维相对贫困指数计算模型如下：

本书确定的多维相对贫困指数计算模型如下：

$$\text{MRPI} = \sum_{i=1}^{n} w_i \times a_i \tag{3.3}$$

其中，MRPI表示多维相对贫困指数，w_i表示第i个评价指标的权重，反映该指标在多维贫困测度中的重要程度；a_i为第i个指标的测度值；n为指标数。

3.3.2 赋权方法选择

在相对贫困多维测度指标体系赋权方法的选择上，现有研究可以分为三类。第一类是等权重赋权法。这类研究遵从 MPI 的赋权方法，选择国际通用的等权重赋权法，其优点是操作简单，方便易懂，缺点是主观性太强，没有对各个维度进行相对重要性区分。第二类为单一的非等权重法。使用单一方法进行非等权重赋权，例如，主成分分析法、熵权法、层次分析法（AHP）、多元对应分析法等，其优点是对各项指标进行了客观的相对重要性区分，但是由于不同的赋权方法会导致相对贫困指数出现不同的结果，仅用一种赋权方法存在偶然性，可能会对最终结果造成较大偏差。第三类是使用主客观相结合的方法进行赋权。

基于上述分析，本书选择既可以完成客观权重分配又能考虑研究者主观分配重要性的模糊层次分析法（FAHP）与熵权法相结合的赋权方法进行权重计算，并对二者取均值确定相对贫困多维测度指标体系中不同指标的综合权重值。

1. 基于模糊层次分析法的指标赋权

模糊层次分析法（Fuzzy Analytic Hierarchy Process，FAHP）是一种通过量化分析的方法解决复杂的多属性决策问题的计算方法。FAHP 将问题分解为不同的组成因素，并进行分组和划分层级，以两两比较的方式确定同层指标之间的权重，并以此确定本层指标与上一层指标之间的相对权重，具体步骤如下。

首先，建立层级结构模型：采用自上而下的方法将多维相对贫困指数分为三层，从上到下依次为目标层、准则层和指标层，每一层指标隶属于其上层指标。其层级结构模型如图 3.2 所示。

其次，从准则层开始，采用两两比较的方式确定各层指标的权重并以此构造模糊互补判断矩阵。模糊互补判断矩阵的一般表示形式如式（3.4）所示：

$$A = \begin{bmatrix} a_{11} & \cdots & a_{1n} \\ \cdots & a_{ij} & \cdots \\ a_{n1} & \cdots & a_{nn} \end{bmatrix} \quad (3.4)$$

且 $a_{ij} = 1 - a_{ji}$，式中 a_{ij} 的取值说明如表 3.4 所示。

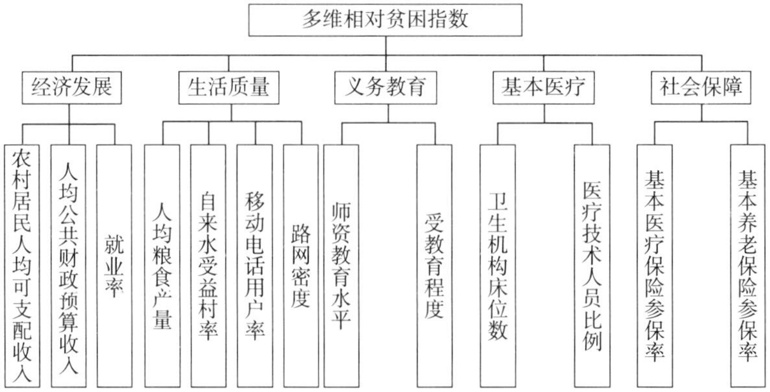

图 3.2 多维相对贫困指数层级结构

多维相对贫困指数分为：经济发展、生活质量、义务教育、基本医疗、社会保障。
- 经济发展：农村居民人均可支配收入、人均公共财政预算收入、就业率
- 生活质量：人均粮食产量、自来水受益村率、移动电话用户率、路网密度
- 义务教育：师资教育水平、受教育程度
- 基本医疗：卫生机构床位数、医疗技术人员比例
- 社会保障：基本医疗保险参保率、基本养老保险参保率

表 3.4 同级指标间的相对重要程度标度

标度	定义
0.5	同等重要
0.6	稍微重要
0.7	明显重要
0.8	重要得多
0.9	极端重要

再次，将模糊互补判断矩阵变换为一致性矩阵，一致性矩阵计算方式如式（3.5）和式（3.6）所示：

对模糊互补判断矩阵 $A = (a_{ij})_{n \times n}$ 按行求和，记为式（3.5）：

$$a_{ij} = \sum_{k=1}^{n} a_{ik}, i = 1, 2, \cdots, n \qquad (3.5)$$

再进行如式（3.6）的变换：

$$a_{ij} = \frac{a_i - a_j}{2n} + 0.5 \qquad (3.6)$$

如此，得到一致性矩阵。如果一致性矩阵中任意两行元素之差为常数，则通过一致性检验。

最后，按照一致性矩阵，利用指标的对比权重计算得到各层级指标 A_i 相对上一层级指标的权重值 g_i^k，如式（3.7）所示。

3 环京津贫困带相对贫困测度与识别

$$g_i^k = \frac{1}{n} - \frac{1}{2c} + \frac{\sum_{j=1}^n a_{ij}}{nc}, i = 1,2,\cdots,n \quad (3.7)$$

其中，参数 $c = (n-1)/2$，k 为指标层数。

在本书中，按照图 3.2 多维相对贫困指数层级结构，选择 10 名领域内专家进行打分，被调查专家的基本信息、打分情况见附录 A。依专家打分结果由式（3.4）至式（3.7）计算得到各层级指标相对上一层指标的权重如下：

（1）第二层相对于第一层，各指标的权重值为：

$w_1 = (g_1^1, g_2^1, g_3^1, g_4^1, g_5^1) = (0.160, 0.205, 0.175, 0.215, 0.245)$

（2）第三层相对于第二层，各指标的权重值为：

$w_{21} = (g_{11}^2, g_{12}^2, g_{13}^2) = (0.333, 0.383, 0.284)$

$w_{22} = (g_{21}^2, g_{22}^2, g_{23}^2, g_{24}^2) = (0.192, 0.225, 0.300, 0.283)$

$w_{23} = (g_{31}^2, g_{32}^2) = (0.600, 0.400)$

$w_{24} = (g_{41}^2, g_{42}^2) = (0.550, 0.450)$

$w_{25} = (g_{51}^2, g_{52}^2) = (0.450, 0.550)$

由以上数值，计算得到第三层级指标相对总目标的综合权重如下。

$w_{31} = (g_1^1 \times g_{11}^2, g_1^1 \times g_{12}^2, g_1^1 \times g_{13}^2, g_2^1 \times g_{21}^2, g_2^1 \times g_{22}^2, g_2^1 \times g_{23}^2, g_2^1 \times g_{24}^2,$
$\quad g_3^1 \times g_{31}^2, g_3^1 \times g_{32}^2, g_4^1 \times g_{41}^2, g_4^1 \times g_{42}^2, g_5^1 \times g_{51}^2, g_5^1 \times g_{52}^2)$
$= (0.0533, 0.0613, 0.0454, 0.0394, 0.0461, 0.0615, 0.0580,$
$\quad 0.105, 0.07, 0.1183, 0.0968, 0.1103, 0.1348)$

2. 基于熵权法的指标赋权

熵权法是一种客观赋权方法，其理念是从数据本身出发确定指标权重，无人为因素干扰，具体步骤如下。

$$p_{ij} = a_{ij} / \sum_{i=1}^n a_{ij} \quad (3.8)$$

$$e_j = -k \sum_{i=1}^n p_{ij} \ln p_{ij} \quad (3.9)$$

$$w_i = d_j / \sum_{j=1}^m d_j \quad (3.10)$$

其中：j 为指标的项数（$j = 1,2,\cdots,m$），i 为研究对象（$i = 1,2,\cdots,n$）；a_{ij} 为第 i 个样本的第 j 个指标标准化后的数值；p_{ij} 为第 j 项指标下第 i 个样本值占该指标的比重；e_j 为第 j 项指标的熵值；$k = 1/\ln(n)$；w_i 为第 i 项指标的权重值；d_j 为第 j 项贫困测量维度，且满足 $e_j \geqslant 0$，使 $d_j = 1 - e_j$。

根据上述计算过程，将 2012—2019 年环京津地区 71 个县标准化后的相对贫困多维测度指标进行权重计算。得到的熵值结果为：

$e_{2012} = (0.9069,0.9625,0.9009,0.9667,0.9828,0.9788,0.9544,$
$\qquad\quad 0.9574,0.9835,0.9384,0.9404,0.9879,0.9725)$

$e_{2013} = (0.9089,0.9736,0.8975,0.9724,0.9843,0.9784,0.9584,$
$\qquad\quad 0.9805,0.9875,0.9407,0.9421,0.9872,0.9779)$

$e_{2014} = (0.9113,0.9815,0.8760,0.9705,0.9869,0.9807,0.9546,$
$\qquad\quad 0.9620,0.9868,0.9432,0.9410,0.9875,0.9809)$

$e_{2015} = (0.9634,0.9791,0.8392,0.9693,0.9923,0.9843,0.9588,$
$\qquad\quad 0.9605,0.9861,0.9396,0.9414,0.9787,0.9705)$

$e_{2016} = (0.9206,0.9733,0.8353,0.9688,0.9895,0.9808,0.9544,$
$\qquad\quad 0.9671,0.9871,0.9437,0.9533,0.9953,0.9946)$

$e_{2017} = (0.9237,0.9939,0.8538,0.9607,0.9864,0.9810,0.9544,$
$\qquad\quad 0.9730,0.9855,0.9466,0.9611,0.9785,0.9764)$

$e_{2018} = (0.9275,0.9923,0.8733,0.9605,0.9207,0.9826,0.9538,$
$\qquad\quad 0.9683,0.9859,0.9487,0.9289,0.9871,0.9798)$

$e_{2019} = (0.9248,0.9980,0.8841,0.9653,0.9913,0.9670,0.9569,$
$\qquad\quad 0.9756,0.9848,0.9501,0.9556,0.9723,0.9626)$

由此，由面板数据熵权法计算得到的权重为：

$w_{2012} = (0.1642,0.0662,0.1747,0.0588,0.0302,0.0374,0.0804,$
$\qquad\quad 0.0752,0.0292,0.1086,0.1052,0.0214,0.0485)$

$w_{2013} = (0.1784,0.0517,0.2007,0.0541,0.0308,0.0423,0.0815,$
$\qquad\quad 0.0382,0.0246,0.1161,0.1133,0.0250,0.0433)$

$$w_{2014} = (0.1652, 0.0345, 0.2309, 0.0550, 0.0244, 0.0359, 0.0844,$$
$$0.0707, 0.0245, 0.1058, 0.1098, 0.0232, 0.0356)$$

$$w_{2015} = (0.0682, 0.0389, 0.2995, 0.0572, 0.0144, 0.0293, 0.0767,$$
$$0.0736, 0.0258, 0.1124, 0.1092, 0.0397, 0.0550)$$

$$w_{2016} = (0.1481, 0.0498, 0.3071, 0.0582, 0.0196, 0.0358, 0.0851,$$
$$0.0614, 0.0240, 0.1049, 0.0870, 0.0088, 0.0101)$$

$$w_{2017} = (0.1454, 0.0116, 0.2784, 0.0749, 0.0259, 0.0362, 0.0869,$$
$$0.0515, 0.0275, 0.1018, 0.0740, 0.0409, 0.0450)$$

$$w_{2018} = (0.1228, 0.0130, 0.2145, 0.0669, 0.1343, 0.0295, 0.0782,$$
$$0.0537, 0.0238, 0.0869, 0.1204, 0.0218, 0.0341)$$

$$w_{2019} = (0.1476, 0.0038, 0.2275, 0.0681, 0.0171, 0.0609, 0.0846,$$
$$0.0478, 0.0299, 0.0979, 0.0871, 0.0543, 0.0734)$$

将2012—2019年的权重结果求平均值得到熵权法的赋权结果为：

$$w_{13}^{*} = (0.1425, 0.0337, 0.2417, 0.0616, 0.0371, 0.0384, 0.0822,$$
$$0.0590, 0.0262, 0.1043, 0.1007, 0.0294, 0.0431)$$

将此结果与层次分析法的赋权结果求平均值得到最终的赋权结果为：

$$w_{\text{last}} = (0.0979, 0.0475, 0.1435, 0.0505, 0.0416, 0.0500, 0.0701,$$
$$0.0820, 0.0481, 0.1113, 0.0988, 0.0698, 0.0890)$$

相对贫困多维测度指标体系中13个指标的权重结果为：

农村居民人均可支配收入（RI）：0.0979、人均公共财政预算收入（PF）：0.0475、就业率（ER）：0.1435、人均粮食产量（POG）：0.0505、自来水受益村率（WV）：0.0416、移动电话用户率（MS）：0.0500、路网密度（RN）：0.0701、师资教育水平（TE）：0.0820、受教育程度（EL）：0.0481、卫生机构床位数（HB）：0.1113、医疗技术人员比例（MT）：0.0988、基本医疗保险参保率（MI）：0.0698、基本养老保险参保率（EI）：0.0890。

3.4 县级尺度相对贫困测度与识别

3.4.1 县级尺度多维相对贫困指数计算

利用2012—2019年环京津地区71个县的相关数据，对13个相对贫困测度指标赋值，同时将其对应的权重值代入公式（3.3）中，得到环京津地区县级尺度多维相对贫困指数计算结果，具体如表3.5所示。

表3.5 环京津地区县级尺度多维相对贫困指数计算结果

年份 县（市）	2012	2013	2014	2015	2016	2017	2018	2019
安国市	0.2062	0.2130	0.2228	0.2306	0.2378	0.2479	0.2634	0.2562
安新县	0.1881	0.1942	0.1932	0.1962	0.2023	0.2047	0.2234	0.2196
霸州市	0.2686	0.2824	0.2819	0.2861	0.3000	0.3104	0.3890	0.3731
博野县	0.1959	0.1795	0.1805	0.1768	0.1917	0.1966	0.2199	0.2120
沧县	0.2356	0.2361	0.2334	0.2525	0.2527	0.2621	0.3081	0.3090
承德县	0.1876	0.2146	0.2125	0.2103	0.2085	0.2290	0.2573	0.2606
赤城县	0.1421	0.1530	0.1570	0.1566	0.1437	0.1685	0.1721	0.1813
崇礼区	0.1692	0.1640	0.1917	0.1906	0.2085	0.2165	0.2024	0.2139
大厂回族自治县	0.2586	0.2875	0.3285	0.3739	0.3778	0.3923	0.4287	0.4505
大城县	0.2117	0.2205	0.2180	0.2239	0.2271	0.2543	0.2826	0.2936
定兴县	0.2104	0.2035	0.2115	0.2165	0.2260	0.2360	0.2561	0.2521
定州市	0.2245	0.2623	0.2441	0.2901	0.2962	0.3255	0.4201	0.4085
东光县	0.2297	0.2329	0.2546	0.2433	0.2494	0.2704	0.2889	0.2681
丰宁满族自治县	0.1628	0.1819	0.1942	0.2002	0.2013	0.2375	0.2674	0.2520
阜平县	0.1457	0.1473	0.1622	0.1644	0.1675	0.1821	0.1909	0.2139
高碑店市	0.2007	0.2139	0.2195	0.2163	0.2357	0.2529	0.3052	0.3087
高阳县	0.2057	0.2162	0.2286	0.2261	0.2336	0.2598	0.2936	0.2809
沽源县	0.1717	0.1730	0.1782	0.1723	0.1759	0.1986	0.2096	0.1763
固安县	0.2074	0.2174	0.2474	0.2544	0.2720	0.2821	0.3515	0.3427
海兴县	0.1567	0.1693	0.1792	0.1921	0.1984	0.2208	0.2374	0.2084
河间市	0.2159	0.2235	0.2328	0.2192	0.2428	0.2303	0.2730	0.2971
怀安县	0.2279	0.1854	0.1828	0.1979	0.1762	0.1910	0.2219	0.2065

续表

年份 县（市）	2012	2013	2014	2015	2016	2017	2018	2019
怀来县	0.1941	0.2175	0.2486	0.2296	0.2368	0.2462	0.2779	0.2804
黄骅市	0.2951	0.3060	0.3039	0.3015	0.3036	0.3151	0.3559	0.3400
康保县	0.1399	0.1590	0.1890	0.1703	0.1812	0.2017	0.1997	0.1952
宽城满族自治县	0.2317	0.2599	0.2594	0.2526	0.2624	0.2813	0.2817	0.2577
涞水县	0.1676	0.1741	0.1804	0.1945	0.1917	0.1967	0.2184	0.2240
涞源县	0.1748	0.1950	0.1911	0.1949	0.1997	0.2042	0.2375	0.2209
乐亭县	0.2549	0.2717	0.2658	0.2875	0.3003	0.3146	0.3832	0.3826
蠡县	0.1878	0.1700	0.2024	0.2085	0.2158	0.2371	0.2580	0.2577
隆化县	0.1885	0.1879	0.2099	0.2016	0.2068	0.2247	0.2608	0.2498
滦南县	0.2657	0.2957	0.3021	0.2935	0.2875	0.2894	0.3493	0.3516
滦平县	0.1882	0.2055	0.2184	0.2126	0.2232	0.2285	0.2938	0.2599
滦县	0.2841	0.2924	0.3158	0.3125	0.3073	0.3210	0.3719	0.3799
满城县	0.2062	0.2156	0.2239	0.2240	0.2313	0.2439	0.2859	0.2731
孟村回族自治县	0.1960	0.1999	0.2277	0.2215	0.2062	0.2069	0.2167	0.1873
南皮县	0.2137	0.2233	0.2228	0.2261	0.2307	0.2476	0.2746	0.2418
平泉县	0.1947	0.2094	0.2107	0.2097	0.2174	0.2420	0.2525	0.2515
泊头市	0.2024	0.2106	0.2156	0.2176	0.2282	0.2328	0.2767	0.2925
迁安市	0.3801	0.3947	0.3886	0.2510	0.3871	0.4008	0.5104	0.4900
迁西县	0.2937	0.2917	0.2977	0.2904	0.3065	0.3083	0.3524	0.3547
青县	0.2188	0.2258	0.2332	0.2343	0.2495	0.2483	0.2812	0.2754
清苑县	0.1919	0.1976	0.2039	0.2281	0.2397	0.2540	0.2952	0.3012
曲阳县	0.1765	0.1772	0.1953	0.1999	0.2144	0.2332	0.2920	0.2899
任丘市	0.2885	0.2918	0.3151	0.3304	0.3293	0.3382	0.4462	0.4033
容城县	0.2018	0.2126	0.2167	0.2241	0.2182	0.2286	0.2452	0.2163
三河市	0.3512	0.3722	0.3776	0.3903	0.3901	0.3775	0.4861	0.4476
尚义县	0.1326	0.1570	0.1660	0.1664	0.1326	0.1821	0.1701	0.1533
顺平县	0.1757	0.1793	0.2016	0.2064	0.2076	0.2229	0.2467	0.2394
肃宁县	0.2302	0.2384	0.2553	0.2531	0.2521	0.2613	0.2999	0.2785
唐县	0.1748	0.1754	0.1798	0.1908	0.2039	0.2164	0.2523	0.2849
万全县	0.1835	0.2098	0.2104	0.2134	0.2111	0.2155	0.2373	0.2250

续表

年份 县（市）	2012	2013	2014	2015	2016	2017	2018	2019
望都县	0.2208	0.2403	0.2361	0.2324	0.2437	0.2510	0.2691	0.2336
围场满族蒙古族自治县	0.1610	0.1747	0.1766	0.1784	0.1918	0.2277	0.2693	0.2677
蔚县	0.1428	0.1567	0.1573	0.1556	0.1569	0.1781	0.2065	0.2043
文安县	0.2325	0.2362	0.2569	0.2535	0.2510	0.2832	0.3242	0.3010
吴桥县	0.2419	0.2505	0.2527	0.2437	0.2499	0.2595	0.2840	0.2229
献县	0.2096	0.2136	0.2226	0.2225	0.2352	0.2377	0.2745	0.2819
香河县	0.2765	0.3026	0.3068	0.3382	0.3436	0.3477	0.3925	0.4043
兴隆县	0.1766	0.1894	0.1929	0.1932	0.1995	0.2078	0.2617	0.2441
雄县	0.1987	0.1989	0.2241	0.2285	0.2251	0.2204	0.2244	0.2337
徐水县	0.2271	0.2369	0.2442	0.2454	0.2586	0.3060	0.3433	0.2878
盐山县	0.1942	0.2024	0.2066	0.2170	0.2012	0.2088	0.2279	0.2391
阳原县	0.1431	0.1527	0.1664	0.1628	0.1726	0.1882	0.1972	0.2045
易县	0.1772	0.1844	0.1932	0.2021	0.1999	0.2286	0.2694	0.2711
永清县	0.1925	0.2053	0.2069	0.2209	0.2296	0.2553	0.2777	0.2894
玉田县	0.2804	0.2889	0.2854	0.2707	0.2784	0.2836	0.3410	0.3392
张北县	0.1760	0.1791	0.1863	0.1979	0.1846	0.2027	0.2301	0.2453
涿鹿县	0.1749	0.1874	0.1993	0.2028	0.1790	0.1959	0.2000	0.2144
涿州市	0.2459	0.2544	0.2627	0.2826	0.2951	0.3111	0.3956	0.3469
遵化市	0.2632	0.2748	0.2755	0.2687	0.2771	0.2766	0.3484	0.3803

将 2012 年与 2019 年环京津地区 71 个县的多维相对贫困指数进行对比，得到图 3.3。

2019 年和 2012 年环京津地区县级尺度贫困指数相比变化较大，2019 年环京津地区县级尺度多维相对贫困指数大多数呈上升趋势，且上升幅度均较大，只有怀安县、孟村县和吴桥县呈下降趋势，但降幅均较小。

3.4.2 县级尺度相对贫困识别

为了实现对环京津地区各县相对贫困的判别，需要设定相对贫困的判断标准。相对贫困标准常被设定为社会中位收入或平均收入的某个比率，如欧盟在测度其成员国的相对贫困水平时，将位于中位收入60%以下的人口归为相对贫困人口[35]。参考和借鉴我国相对贫困研究成果和经验[42,47]，我们认为对环京津地区县级尺度相对贫困判别需从经济发展、生活质量、义务教育、基本医疗和社会保障5个维度综合考量，标准需依判别时间点不同而变化。在本书中，我们首先对环京津各县经济发展、生活质量、义务教育、基本医疗和社会保障等维度特征指标值进行计算，然后选取各维度特征指标值中位数的60%作为相应评判标准。以此规则，计算得到2012—2019年环京津地区县级相对贫困的判断标准，具体如表3.6所示。

表3.6 2012—2019年环京津地区县级相对贫困判断标准

年份	经济发展	生活质量	义务教育	基本医疗	社会保障
2012	0.0330	0.0400	0.0261	0.0092	0.0141
2013	0.0346	0.0422	0.0262	0.0104	0.0171
2014	0.0348	0.0440	0.0267	0.0110	0.0170
2015	0.0354	0.0419	0.0273	0.0125	0.0167
2016	0.0363	0.0425	0.0261	0.0141	0.0162
2017	0.0358	0.0443	0.0270	0.0160	0.0186
2018	0.0369	0.0463	0.0289	0.0171	0.0176
2019	0.0382	0.0454	0.0298	0.0186	0.0260

将2012—2019年各县经济发展、生活质量、义务教育、基本医疗和社会保障等维度特征指标计算结果分别与对应年份判断标准进行比较，将在任一维度特征指标计算结果低于对应判断标准的县判定为轻度相对贫困，将在任意两个维度特征指标计算结果低于对应判断标准的县判定为中度相对贫困，将任意三个及以上维度特征指标计算结果低于对应判断标准的县判定为重度相对贫困。按照建立的环京津地区县级尺度相对贫困判别标准和设定的判断规则，对2012—2019年环京津各县相对贫困状况进行分析，具体汇总结果如表3.7所示。

表3.7　2012—2019年环京津地区相对贫困县的数量

年份	轻度相对贫困县（个）	中度相对贫困县（个）	重度相对贫困县（个）	相对贫困县（个）	相对贫困发生率（%）
2012	21	7	0	28	39.44
2013	21	8	0	29	40.85
2014	20	5	0	25	35.21
2015	19	4	0	23	32.39
2016	13	4	1	18	25.35
2017	19	4	0	23	32.39
2018	14	5	1	20	28.17
2019	9	11	1	21	29.58

观察不同类型相对贫困县的数量，发现轻度相对贫困是环京津地区相对贫困县的主要表现类型，重度相对贫困县数量最少。轻度相对贫困县的数量在2012—2016年持续减少，2016—2019年呈现"增加—减少—减少"的趋势。中度相对贫困县的数量在2012—2013年和2017—2019年呈现"增加"趋势，并在2019年达到最多的11个，其余年份均呈现"减少"趋势，在2015—2017年一直稳定为4个。重度相对贫困县在2016年、2018年、2019年均为1个，其余年份均为0。2012—2019年环京津各县相对贫困发生率变化如图3.3所示。

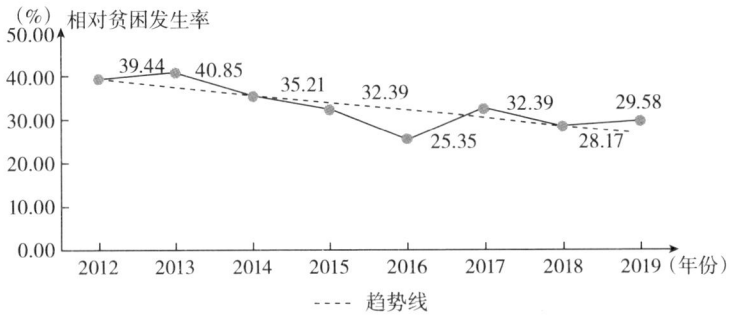

图3.3　2012—2019年相对贫困发生率趋势

从图3.3中可以看出，2012—2019年，环京津地区相对贫困发生率总体呈下降趋势，但在2012—2013年、2016—2017年和2018—2019年呈现升高态势，且在 2016—2017 年的升高幅度较大。在 2013—2016 年以及 2017—2018 年呈现下降趋势，且在 2013—2016 年相对贫困发生率呈现持续下降状态。

3.5 小结

（1）以相关文献研究和理论为基础，以界定的相对贫困内涵为依据，结合中国国情，以"两不愁 三保障"为参考，构建了包括经济发展、生活质量、义务教育、基本医疗和社会保障五个维度共 13 个指标的相对贫困多维测度指标体系，通过测度指标相关性分析，验证了所构建测度指标体系的合理性。

（2）以构建的相对贫困多维测度指标体系为基础，参照多维贫困指数（MPI）的构建方法，采用模糊层次分析法和熵权法对测度指标赋权，构建了多维相对贫困指数计算模型，并对 2012—2019 年环京津地区 71 个县的多维相对贫困指数进行了计算。通过对比发现，随着社会经济的不断发展，环京津地区县级尺度相对贫困呈现减弱趋势，且相对贫困县发展差距在不断缩小。

（3）参考已有研究，分别以经济发展、生活质量、义务教育、基本医疗和社会保障五个维度中位数的 60% 作为相对贫困识别标准，制定了非相对贫困县、轻度相对贫困县、中度相对贫困县和重度相对贫困县的判别标准，并对 2012—2019 年环京津地区相对贫困县进行了识别。统计分析发现，2012—2019 年相对贫困县数量不断减少，相对贫困发生率总体呈下降趋势；环京津地区相对贫困县以轻度相对贫困为主，重度相对贫困县数量最少。

4 环京津贫困带相对贫困时空特征研究

根据空间贫困理论,利用2012—2019年环京津地区各县多维相对贫困指数计算和相对贫困县识别结果,采用探索性空间数据分析方法对环京津地区相对贫困时空特征进行分析,揭示其演化规律,为构建相对贫困协同治理机制提供依据。

4.1 模型选择

探索性空间数据分析是由数据驱动的探索过程,其在功用上可分为两大类:一类为全域空间自相关,用来分析空间数据在整个系统内表现出的分布特征;另一类为局域空间自相关,用来分析局部子系统所表现出的分布特征[240]。全域空间自相关和局部空间自相关均可以采用不同的方法进行测度。在本书中,选择全局 Moran's I 分析环京津地区相对贫困整体分布特征;选择局部 Moran's I 分析环京津地区相对贫困局部分布特征。

4.1.1 全局 Moran's I 计算方法

采用全局 Moran's I 可以实现从区域整体视角研究环京津地区相对贫困的空间分布特征,其具体计算公式为:

$$I = \frac{n \sum_{i=1}^{n} \sum_{j=1}^{n} w_{ij}(x_i - \bar{x})(x_j - \bar{x})}{\sum_{i=1}^{n} \sum_{j=1}^{n} w_{ij} \sum_{i=1}^{n} (x_i - \bar{x})^2} = \frac{\sum_{i=1}^{n} \sum_{j \neq 1}^{n} w_{ij}(x_i - \bar{x})}{S^2 \sum_{i=1}^{n} \sum_{j \neq 1}^{n} w_{ij}}$$

(4.1)

4 环京津贫困带相对贫困时空特征研究

$$S^2 = \frac{1}{n}\sum_{i=1}^{n} x_i (x_i - \bar{x})^2, \bar{x} = \frac{1}{n}\sum_{i=1}^{n} x_i \tag{4.2}$$

其中，I 为全局 Moran's I 值，i 为各个县，x_i 为相应各个县多维相对贫困指数，$\bar{x}$ 为多维相对贫困指数的平均值，S^2 为多维相对贫困指数的方差，w_{ij} 为空间权重矩阵。

空间权重 w_{ij} 表示空间位置 i 和 j 的邻近关系，根据地理学第一定律，相对贫困的影响通常会随着距离的加大而递减，本书采用 INVERSE_ DISTANCE_ SQUARED 确定空间权重，即与远近的要素相比，邻近要素对目标要素计算的影响大。

全局 Moran's I 取值范围为 [-1, 1]，其正值表示区域相对贫困存在正相关性，负值则表示存在负相关性，指数为 0 则表示区域之间相对贫困在空间上不存在相关性。全局 Moran's I 的显著性通过标准化统计量 Z 值来检验，其公式为：

$$Z(I) = \frac{I - E(I)}{\sqrt{Var(I)}} \tag{4.3}$$

其中，$E(I) = -1/(n-1)$ 为全局 Moran's I 的期望，$Var(I)$ 为方差。显著性水平通常取 0.05，临界值为 1.96。$Z(I) > 1.96$ 时表示环京津地区县级尺度相对贫困呈现显著的空间聚集特征；$-1.96 \leq Z(I) \leq 1.96$ 时表示相对贫困的区域空间自相关性不显著，呈随机分布；$Z(I) < -1.96$ 时表示多维相对贫困指数高的县与多维相对贫困指数低的县聚集，低值与高值聚集，呈现空间异常特征。

4.1.2 局部 Moran's I 计算方法

本书采用局部 Moran's I 研究环京津地区县级尺度相对贫困局部空间自相关特征，计算公式为：

$$I_i = \frac{(x_i - \bar{x})}{S^2} \sum_j w_{ij}(x_j - \bar{x}) \tag{4.4}$$

局部 Moran's I 检验的标准化统计量为：

$$Z(I_i) = \frac{I_i - E(I_i)}{\sqrt{VAR(I_i)}} \tag{4.5}$$

$E(I_i)$ 和 $VAR(I_i)$ 是其理论期望和理论方差。

其中，当 $I_i>0$ 且 $Z(I_i)$ 显著时，表明多维相对贫困指数在该空间单元与邻近单元上呈现"高—高"（HH）或"低—低"（LL）的相似聚集；当 $I_i<0$ 时，表明多维相对贫困指数在该空间单元与邻近单元上呈"高—低"（HL）或"低—高"（LH）的相异聚集。其中，HH、LL 分别表示多维相对贫困指数的高值区域与高值区域聚集，低值区域与低值区域聚集；HL、LH 分别表示多维相对贫困指数的高值区域与低值区域聚集，低值区域与高值区域聚集。且 $|I_i|$ 越大，说明该区域单元对相邻单元的辐射效应越大。

4.2 县级尺度相对贫困时空演变特征

4.2.1 县级尺度相对贫困时空变化特征分析

根据 2012—2019 年环京津地区相对贫困县的识别结果，按照相对贫困四种类型，使用 ArcGIS 软件对环京津地区相对贫困县的空间分布格局及其演变特征进行了分析。

在环京津地区，2012—2015 年相对贫困县主要集中在张家口市、承德市西部、保定市的东部和西部，2016—2019 年相对贫困县主要集中在张家口市以及保定市西部，在 2012—2019 年，中度以上相对贫困县集中在张家口市。2016 年，承德市相对贫困县数量明显减少，至 2018 年仅宽城满族自治县为相对贫困县。通过进一步分析可以发现，相对贫困县环绕在北京市外围，呈现连片集聚形态，与北京接壤的赤城县、崇礼区、沽源县，长期处于较高的相对贫困状态。

各相对贫困县在不同年份相对贫困状态如表 4.1 所示，表中"—"代表非相对贫困。

表4.1 环京津地区各贫困县不同年份的相对贫困度

县（市）	2012	2013	2014	2015	2016	2017	2018	2019
安国市	—	轻度	轻度	—	—	—	—	—
安新县	轻度	轻度	轻度	—	—	—	轻度	—

续表

县（市）	2012	2013	2014	2015	2016	2017	2018	2019
博野县	轻度	轻度	轻度	轻度	轻度	轻度	轻度	中度
赤城县	中度	中度	中度	中度	中度	中度	中度	轻度
崇礼区	中度	中度	中度	中度	中度	中度	中度	中度
大厂回族自治县	轻度	轻度	轻度	轻度	轻度	轻度	轻度	中度
东光县	—	—	—	轻度	—	—	—	—
丰宁满族自治县	轻度	轻度	轻度	轻度	轻度	—	—	—
阜平县	轻度	轻度	轻度	轻度	轻度	轻度	中度	轻度
沽源县	中度	中度	中度	中度	中度	中度	轻度	轻度
固安县	轻度	轻度	—	轻度	—	轻度	—	—
海兴县	轻度	轻度	轻度	轻度	轻度	轻度	中度	轻度
怀安县	轻度	轻度	轻度	轻度	轻度	轻度	轻度	中度
怀来县	—	轻度	—	—	—	—	—	—
康保县	中度	中度	轻度	轻度	轻度	轻度	轻度	中度
宽城满族自治县	—	—	轻度	—	—	轻度	轻度	轻度
涞水县	中度	中度	中度	中度	中度	中度	中度	中度
涞源县	轻度	中度	轻度	—	—	轻度	轻度	轻度
蠡县	轻度	轻度	—	—	—	—	—	—
滦平县	轻度	轻度	—	—	—	—	轻度	—
孟村回族自治县	轻度	轻度	轻度	轻度	轻度	轻度	轻度	中度
容城县	—	—	—	轻度	—	轻度	—	轻度
尚义县	中度	中度	中度	中度	重度	中度	重度	重度
肃宁县	—	—	—	—	—	轻度	—	—
万全县	轻度	轻度	轻度	—	轻度	—	—	轻度
望都县	轻度	轻度	轻度	轻度	—	—	轻度	中度
围场满族蒙古族自治县	轻度	轻度	轻度	轻度	—	—	—	—
蔚县	轻度	轻度	轻度	轻度	轻度	轻度	轻度	轻度

续表

县（市）	2012	2013	2014	2015	2016	2017	2018	2019
兴隆县	轻度	轻度	轻度	轻度	轻度	轻度	—	—
雄县	轻度	轻度	—	—	—	—	中度	—
徐水县	—	—	—	—	—	—	—	轻度
阳原县	中度	中度	中度	中度	中度	中度	中度	中度
永清县	轻度	轻度	轻度	—	—	—	—	轻度
张北县	轻度	轻度	轻度	轻度	轻度	轻度	轻度	—
涿鹿县	轻度	—	—	轻度	轻度	轻度	轻度	—

从表4.1可以看出，在2012—2019年，8年均处于相对贫困状态的县有13个，分别为博野县、赤城县、崇礼区、沽源县、怀安县、康保县、涞水县、尚义县、蔚县、阳原县、阜平县、孟村回族自治县和大厂回族自治县；6年处于相对贫困状态的县有5个，分别为海兴县、涞源县、望都县、兴隆县和张北县；5年处于相对贫困状态的县有4个，分别为丰宁满族自治县、万全县、永清县和涿鹿县；安新县、固安县、宽城满族自治县和围场满族蒙古族自治县在4年间处于相对贫困状态；滦平县、容城县和雄县在3年间处于相对贫困状态；安国市和蠡县分别在2013—2014年和2012—2013年处于相对贫困状态；东光县、怀来县、肃宁县和徐水县分别在2015年、2013年、2017年和2019年被确定为轻度相对贫困状态。

4.2.2 与国家和省级贫困县名单比较

环京津地区由亚洲开发银行在2004年的调查报告《河北省经济发展战略研究》中首次提出，位于河北省北部与京津接壤地区，范围涉及张家口市、承德市和保定市[57]。该区域与京津两大城市存在较强的资源环境和发展关系，且在空间上呈"C"形带状集中连片区域。环京津地区共包括25个县域，其中张家口市有11个，包括10个国家级贫困县：康保县、张北县、阳原县、沽源县、怀安县、尚义县、蔚县、万全县、赤城县、崇礼区，1个省级贫困县：宣化县。承德市有6个，包括5个国家级贫困县：平泉县、滦平县、隆化县、丰宁县、围场县，1个省级贫困县：承德县。保定市有8个，包括4个国家级贫困县：阜平县、涞源县、顺平县、唐县；

4 个省级贫困县：易县、曲阳县、涞水县、望都县。以上县域在 2005 年的人均年收入均不足 625 元。由于环京津地区相对贫困县研究范围不包含宣化县，所以将 2012—2019 年识别出的相对贫困县与环京津地区中除宣化县外 24 个县进行对比，发现承德县、平泉县、隆化县、唐县、易县、曲阳县和顺平县 7 个县域均没有在 2012—2019 年相对贫困县名单中出现。2012—2019 年识别出的环京津地区相对贫困县与国家级和省级贫困县的重合率如表 4.2 所示。

表 4.2 环京津地区相对贫困县识别结果对比重合率

年份	2012	2013	2014	2015	2016	2017	2018	2019
重合率（%）	70.83	70.83	62.50	58.33	54.17	54.17	50.00	54.17

经对比，在 2012—2019 年识别出的相对贫困县中，不低于 50% 的县与环京津地区中的县重合。2012 年和 2013 年的重合率最高，为 70.83%，2018 年的重合率最低，为 50.00%。除此之外，由于相对贫困采用的多维度评价标准，与仅使用收入标准的绝对贫困县相比存在差异。例如，2012 年识别出的相对贫困县中，安新县、博野县、大厂回族自治县、固安县、海兴县、蠡县、孟村回族自治县、兴隆县、雄县、永清县、涿鹿县均不在 2005 年绝对贫困县名单中。2015 年识别出的相对贫困县中，博野县、大厂回族自治县、东光县、固安县、海兴县、孟村回族自治县、容城县、兴隆县、涿鹿县不在环京津地区县域名单中。2019 年的博野县、大厂回族自治县、海兴县、宽城满族自治县、孟村回族自治县、容城县、徐水县、永清县不在环京津地区县域名单中。

4.3 县级尺度相对贫困全局相关性分析

本书利用全局 Moran's I，测度和判断相对贫困的空间聚集特征和相互依赖性。利用 ArcGIS 软件工具，对 2012—2019 年环京津相对贫困县的多维相对贫困指数进行全局 Moran's I 的计算。计算得到的不同年份的 Moran's I 值、预期指数、方差、Z 得分以及 P 值等如表 4.3 所示。

表 4.3　2012—2019 年相对贫困全局 Moran's I 指数汇总

年份	2012	2013	2014	2015	2016	2017	2018	2019
Moran's I	0.5351	0.5854	0.6210	0.6388	0.6538	0.6140	0.5280	0.5797
预期指数	-0.0143	-0.0143	-0.0143	-0.0143	-0.0143	-0.0143	-0.0143	-0.0143
方差	0.0059	0.0059	0.0060	0.0059	0.0060	0.0060	0.0060	0.0060
Z 得分	7.1209	7.7906	8.2353	8.4793	8.6397	8.1117	7.0088	7.6555
P 值	0.0000	0.0000	0.0000	0.0000	0.0000	0.0000	0.0000	0.0000

由表 4.3 可知，2012—2019 年环京津地区相对贫困县多维相对贫困指数全局 Moran's I 值均大于预期指数，均大于 0.5，说明相对贫困的空间聚集程度高，整体存在空间正相关。观察 Z 得分，发现 Z 得分均大于 1.96，说明环京津地区县级尺度相对贫困在全局空间上表现为高值和高值集聚、低值与低值集聚，呈现空间集聚特性。

4.4　县级尺度相对贫困局部相关性分析

本书采用局部 Moran's I，分析环京津地区县级尺度相对贫困局部相关性。加载环京津地区县域图层，并与计算得到的 2012—2019 年环京津各相对贫困县多维相对贫困指数数据进行连接操作，使用 ArcGIS 软件工具，实现区域单元与其邻近单元之间的局域空间关系的可视化。

2012—2019 年，环京津地区相对贫困局部关联特征显著，主要形成了高—高、低—低两种集聚类型，并且不存在空间异质性。高—高集聚类型主要位于环京津中部和东部的廊坊市和唐山市，低—低集聚类型主要位于环京津西部的保定市和张家口市。

环京津地区高—高集聚的县主要集中在廊坊市的北三县和唐山市部分县（2012 年、2013 年、2014 年、2019 年集中在整个唐山市）。从地理位置上，廊坊市北三县地处北京和天津交界处的中心，唐山市也紧邻京津。在北京、天津快速发展的带动下，这两个区域的经济发展一直处于较高水平，形成了多维相对贫困指数的高值与高值集聚状态。低—低集聚的县主要集中在张家口市的部分县，2013 年和 2014 年新增保定市的阜平县。2018 年张家口市的低—低集聚的县数量最多，达到了 7 个，2016 年次之，低—低集聚的县有 5 个。除了 2018 年，其他年份中低—低集聚的县大多数位于市域交界处，并且位于太行山脉，缺乏与其他区域的经济联系。

4.5 小结

（1）利用 ArcGIS 软件工具对环京津地区相对贫困县的空间分布格局及其演变特征进行了分析。研究发现，2012—2015 年相对贫困县主要集中在张家口市、承德市西部、保定市的东部和西部，2016—2019 年相对贫困县主要集中在张家口市以及保定市西部，且 2012—2019 年中度以上的相对贫困县集中在张家口市。相对贫困县环绕在北京市外围，呈现连片集聚形态，与北京接壤的赤城县、崇礼区、沽源县，长期处于较高的贫困程度。

（2）利用全局 Moran's I 和局部 Moran's I 对环京津地区县级尺度相对贫困的全局和局部空间相关性进行分析。全局自相关结果表明，环京津县域相对贫困存在显著的空间集聚特征；局部自相关结果表明，环京津地区相对贫困呈现"高—高"和"低—低"的空间集聚特性。"高—高"集聚区域集中在廊坊市和唐山市，"低—低"集聚区域集中在张家口市、保定市的市域边界处。在未来预防返贫和缓解相对贫困工作中，需要根据相对贫困区域聚集特征精准施策。

5 环京津贫困带相对贫困影响因素研究

采用指标贡献度分析方法,对多维相对贫困指数进行分解,确定环京津地区县级尺度相对贫困主要影响因素;利用地理探测器分析环境—地形因素对环京津地区县级尺度相对贫困的影响;使用基于全息映射的面板时空地理加权回归模型分析产业发展对环京津地区县级尺度相对贫困影响。

5.1 模型选择

5.1.1 指标贡献度分析

借鉴陈烨烽(2016)[90]的研究,利用式(5.1)对县级尺度相对贫困影响因素分析时,可以用指标 j 对多维相对贫困指数的贡献度来分析各指标对县级尺度相对贫困的影响程度,以此分析相对贫困县的主要影响因素及其区域差异。

$$C = \frac{\omega_{ij} I_{ij}}{\text{MRPI}} \times 100\% \qquad (5.1)$$

其中,C 表示指标贡献度,ω_{ij} 表示第 i 维度下第 j 指标的权重,I_{ij} 表示第 i 维度下指标 j 的标准化得分,MRPI 表示县级多维相对贫困指数。

5.1.2 地理探测器

地理探测器方法主要包含风险探测、因子探测、生态探测和交互探测,是研究空间异质性及其驱动力的统计学方法,主要用于研究单变量的空间异质性和双变量的因果关系。根据研究需要,本书选择因子探测和交互探测进行分析。

1. 因子探测

采用因子探测定量探测环境—地形因素对相对贫困的空间分异性的解释程度，用 q 表示，计算公式如下：

$$q_i = 1 - \frac{\sum_{i=1}^{l} p_i \sigma^2}{p\sigma^2} \tag{5.2}$$

其中：环京津地区县级相对贫困的环境—地形因素分为 l 层，用 $i = 1,2,\cdots,l$ 表示，p 为环京津地区各县多维相对贫困指数，σ^2 为 p 的方差。

2. 交互探测

交互探测用来评估两个因子对因变量的共同作用，包括是否会增加或减弱对因变量的解释力，或因子间是否相互独立。交互探测的方法是分别计算两种因子及其交互时的 q 值：$q(X_1)$、$q(X_2)$、$q(X_1 \cap X_2)$，并对 $q(X_1)$、$q(X_2)$ 与 $q(X_1 \cap X_2)$ 进行比较。两个因子之间的关系可通过判断式（5.3）至式（5.9）分为以下几类：

$$增强: q(X_1 \cap X_2) > q(X_1) \text{ 或 } q(X_2) \tag{5.3}$$

$$削弱: q(X_1 \cap X_2) < q(X_1) + q(X_2) \tag{5.4}$$

$$增强（双线性）: q(X_1 \cap X_2) > q(X_1) \text{ 和 } q(X_2) \tag{5.5}$$

$$削弱（单线性）: q(X_1 \cap X_2) < q(X_1) \text{ 或 } q(X_2) \tag{5.6}$$

$$增强（非线性）: q(X_1 \cap X_2) > q(X_1) + q(X_2) \tag{5.7}$$

$$削弱（非线性）q(X_1 \cap X_2) < q(X_1) \text{ 和 } q(X_2) \tag{5.8}$$

$$相互独立: q(X_1 \cap X_2) = q(X_1) + q(X_2) \tag{5.9}$$

5.1.3 基于全息映射的面板时空地理加权回归模型

基于全息映射的面板时空地理加权回归模型（Geographically and Temporally Weighted Regression Model for Panel Data，GTWR）[241]是由经典的面板数据计量经济学模型衍生而来，包含了不同时间维度上不同地区截面数据的地理加权回归模型特定形式。地理加权回归模型（Geographically Weighted Regression Model，GWR）设定为单一时期上不同地区的解释变量参数不同。

1. 基于全息映射的时空权重矩阵的构建

首先借鉴光学中的"全息"概念[242],构建全息映射的时空权重矩阵,旨在将样本地区通过所有路径映射到目标分析地区,从而在目标分析地区再现样本地区信息,全息映射示意图如图5.1所示。

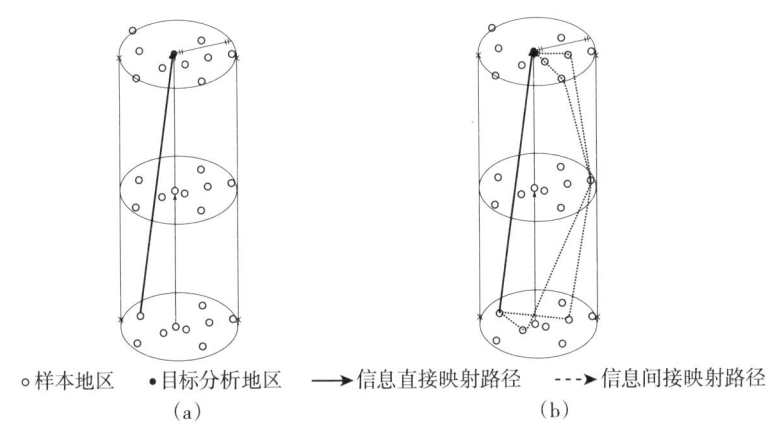

○样本地区　●目标分析地区　──▶信息直接映射路径　┄┄▶信息间接映射路径
(a)　　　　　　　　　　　　　　　　　(b)

图5.1　全息映射示意图

全息时空权重矩阵的元素确定过程如式(5.10)和式(5.11)所示。

$$\Pi = STW'_{\{\in r\}} STW_{\{\in r\}} \tag{5.10}$$

$$STW_{\{\in r\}} = STW_{r,d} + [STW_{r,s} diag(STW_{r,d})] .\times I_{N_{\{\in r\}}} \tag{5.11}$$

式(5.10)中,Π表示GTWR模型参数估计时所使用的加权权重矩阵;$STW_{\{\in r\}}$表示将样本$\{\in r\}$全息映射到目标分析地区r时的全息时空权重矩阵。$STW_{\{\in r\}}$由两部分空间影响效应值相加而成,一部分来自样本地区向目标分析地区直接映射的空间影响效应$STW_{r,d}$,另一部分来自样本地区向目标分析地区间接映射的空间影响效应$[STW_{r,s} diag(STW_{r,d})] .\times I_{N_{\{\in r\}}}$,如式(5.11)所示。$STW_{r,d}$指表征样本地区$\{\in r\}$对目标分析地区$r$产生直接时空影响效应的时空权重矩阵,$STW_{r,s}$指表征样本地区$\{\in r\}$两两之间时空溢出关系的时空权重矩阵,符号$.\times$表示矩阵之间的点乘,$N_{\{\in r\}}$表示$\{\in r\}$中元素的个数,$I_{N_{\{\in r\}}}$为$N_{\{\in r\}}$阶单位矩阵。

2. GTWR模型的基本设定形式

如式（5.12）所示：

$$y_{\{i,t\}} = \beta_0(i,t) + \beta_1(i,t)X_{1,\{i,t\}} + \beta_2(i,t)X_{2,\{i,t\}}$$
$$+ \cdots + \beta_k(i,t)X_{k,\{i,t\}} + \mu_{\{i,t\}} \quad (5.12)$$

矩阵转化形式为：

$$STW_{\{\in r\}} y_{\{\in r\}} = STW_{\{\in r\}} X_{\{\in r\}} \beta_r + \varepsilon_{\{\in r\}} \quad (5.13)$$

模型的参数估计：

$$\tilde{\beta}_r = \tilde{S} y_{(\in r)} \quad (5.14)$$

$$Var(\tilde{\beta}_r) = diag_r[\Gamma(\tilde{\beta}_r)] \quad (5.15)$$

$$\Gamma(\tilde{\beta}_r) = \tilde{S}\Lambda^{-1}\tilde{S}'\tilde{\sigma}_r^2 \quad (5.16)$$

$$\tilde{S} = (X'_{\{\in r\}} \Lambda X_{\{\in r\}})^{-1} X'_{\{\in r\}} \Lambda \quad (5.17)$$

$$\Lambda = STW'_{\{\in r\}} STW_{\{\in r\}} \quad (5.18)$$

局部点随机扰动项方差估计：

$$\tilde{\sigma}_r^2 = (H_{\{\in r\}} - \tilde{H}_{\{\in r\}})'(H_{\{\in r\}} - \tilde{H}_{\{\in r\}})/(\tilde{v}_{0,r} - 2\tilde{v}_{1,r} + \tilde{v}_{2,r}) \quad (5.19)$$

$$H_{\{\in r\}} = STW_{\{\in r\}} y_{\{\in r\}}, \quad \tilde{H}_{\{\in r\}} = \tilde{h}_r y_{\{\in r\}} \quad (5.20)$$

$$\tilde{h}_r = STW_{\{\in r\}} X_{r,\{\in r\}} S \quad (5.21)$$

$$\tilde{v}_{0,r} = tr(STW_{\{\in r\}}), \quad \tilde{v}_{1,r} = tr(\tilde{h}_r), \quad \tilde{v}_{2,r} = tr(\tilde{h}_r'\tilde{h}_r) \quad (5.22)$$

模型整体的随机扰动项方差估计：

$$\tilde{\sigma}_r^2 = (H - \tilde{H})'(H - \tilde{H})/(\tilde{V}_{0,r} - 2\tilde{V}_{1,r} + \tilde{V}_{2,r}) \quad (5.23)$$

$$H = [H_1; H_2; \cdots; H_r; \cdots; H_{NT}], \quad H_r = y_r \quad (5.24)$$

$$\tilde{H} = [\tilde{H}_1; \tilde{H}_2; \cdots; \tilde{H}_r; \cdots; \tilde{H}_{NT}], \quad \tilde{H}_r = A\tilde{H}_{\{\in r\}} \quad (5.25)$$

$$A = tr^{-1}\{STW_{\{\in r\}}\} diag\{STW_{\{\in r\}}\} \quad (5.26)$$

$$\tilde{V}_i = \frac{\sum_r \tilde{v}_{i,r}}{NT}, i = 0,1,2 \quad (5.27)$$

GTWR 模型的数据映射过程：

$$\tilde{y}_r \Rightarrow \overset{\leftrightarrow}{y}_r \Rightarrow y_r, \quad \tilde{y}_r = STW_{|\in r|} y_{|\in r|}, \quad \overset{\leftrightarrow}{y}_r = STW_{|\in r|} X_{|\in r|} \tilde{\beta}_r \quad (5.28)$$

$$\tilde{y}_R = [\tilde{y}_{1_T}, \tilde{y}_{2_T}, \cdots, \tilde{y}_{N_T}, \cdots, \tilde{y}_r, \cdots, \tilde{y}_{1_1}, \tilde{y}_{2_1}, \cdots, \tilde{y}_{N_1}]' \quad (5.29)$$

$$y_R = [y_{1_T}, y_{2_T}, \cdots, y_{N_T}, \cdots, y_r, \cdots, y_{1_1}, y_{2_1}, \cdots, y_{N_1}]' \quad (5.30)$$

$$\overset{\leftrightarrow}{y}_R = [\overset{\leftrightarrow}{y}_{1_T}, \overset{\leftrightarrow}{y}_{2_T}, \cdots, \overset{\leftrightarrow}{y}_{N_T}, \cdots, \overset{\leftrightarrow}{y}_r, \cdots, \overset{\leftrightarrow}{y}_{1_1}, \overset{\leftrightarrow}{y}_{2_1}, \cdots, \overset{\leftrightarrow}{y}_{N_1}]' \quad (5.31)$$

GTWR 模型中最优空间带宽和时间带宽的遴选准则：

RSS 准则：

$$Min(RSS_1 + RSS_2)$$

$$RSS_1 = (\overset{\leftrightarrow}{y}_R - y_R)'(\overset{\leftrightarrow}{y}_R - y_R) \quad (5.32)$$

$$RSS_2 = (\tilde{y}_R - \overset{\leftrightarrow}{y}_R)'(\tilde{y}_R - \overset{\leftrightarrow}{y}_R)$$

CV 准则：

$$CV = (\tilde{y}_R - y_R)'(\tilde{y}_R - y_R) \quad (5.33)$$

GCV 准则：

$$GCV = CV/(NT - k - 1)^2 \quad (5.34)$$

AICC 准则：

$$AIC_C = \tilde{V}_0[\ln(\tilde{\sigma}^2)] + \ln(2\pi) + (\tilde{V}_0 + \tilde{V}_1)/(\tilde{V}_0 - 2 - \tilde{V}_1) \quad (5.35)$$

5.2 县级尺度相对贫困影响因素分析

利用计算得出的 2012—2019 年环京津地区相对贫困县的多维相对贫困指数，采用指标贡献度分析方法，求出各个指标的贡献率，计算结果如表 5.1 所示。

表 5.1 不同指标对县级尺度多维相对贫困指数的贡献度 （%）

年份 指标	2012	2013	2014	2015	2016	2017	2018	2019	均值
农村居民人均可支配收入	9.73	9.99	9.86	9.62	10.45	9.98	10.01	9.22	9.86
就业率	16.42	15.44	14.56	14.35	13.96	12.57	12.02	11.19	13.81

续表

年份 指标	2012	2013	2014	2015	2016	2017	2018	2019	均值
人均公共财政预算收入	3.14	3.68	3.99	4.41	4.61	4.58	5.37	5.34	4.39
人均粮食产量	8.39	8.13	7.19	7.05	7.06	6.68	6.00	6.41	7.11
自来水受益村率	1.83	1.79	1.74	1.72	1.74	1.64	1.84	1.57	1.73
移动电话用户率	9.63	9.99	11.28	10.62	10.55	11.38	11.36	10.76	10.70
路网密度	9.26	8.98	9.23	9.08	9.24	8.95	8.79	8.39	8.99
师资教育水平	10.78	10.11	10.23	9.68	8.36	8.88	8.53	7.99	9.22
受教育程度	11.20	10.18	10.21	10.67	11.17	10.92	11.18	10.75	10.78
卫生机构床位数	8.01	8.34	8.82	10.22	11.08	12.12	12.72	11.80	10.39
医疗技术人员比例	0.08	0.08	0.08	0.10	0.15	0.16	0.17	0.18	0.12
基本医疗保险参保率	6.45	7.44	7.15	6.79	6.33	6.95	6.33	8.29	6.96
基本养老保险参保率	5.09	5.85	5.66	5.70	5.31	6.00	5.60	8.12	5.92

从表5.1中的指标贡献率年度均值来看，就业率、受教育程度、移动电话用户率、卫生机构床位数的平均贡献率均大于10%，农村居民人均可支配收入、师资教育水平、路网密度的平均贡献率均在9%左右，这7种因素均为2012—2019年环京津地区县级尺度相对贫困的主要影响因素。人均粮食产量、基本医疗保险参保率和基本养老保险参保率均值均小于7.5%，说明对相对贫困产生了一定影响，但不是主要的影响因素。而人均公共财政预算收入为4.39%，自来水受益村率和医疗技术人员比例的平均贡献度分别为1.73%和0.12%，说明这3个因素对相对贫困的影响较小，不是相对贫困的主要影响因素。

对不同的贫困县而言，由于社会经济发展水平不同，其影响因素也会存在差异。通过对确定的2012—2019年相对贫困县相对贫困影响因素的比较分析发现，不同贫困县的相对贫困影响因素不同，同一贫困县不同年份的相对贫困影响因素大体相同。进一步对其中13个处于长期（8年）相对贫困状态的县的相对贫困主要影响因素（贡献率大于7.5%的因素）及变化进行了讨论，具体如表5.2所示。

表 5.2 13 个典型贫困县的相对贫困主要影响因素

县	2012—2019 年相对贫困主要影响因素	2019 年相对贫困主要影响因素变化
康保县	就业率、师资教育水平、人均粮食产量、路网密度、基本医疗保险参保率、农村居民人均可支配收入	
赤城县	就业率、师资教育水平、受教育程度、基本医疗保险参保率、基本养老保险参保率、农村居民人均可支配收入、移动电话用户率、人均粮食产量	
尚义县	就业率、师资教育水平、农村居民人均可支配收入、基本医疗保险参保率、基本养老保险参保率、移动电话用户率	2019 年无基本医疗保险参保率
博野县	就业率、路网密度、人均粮食产量、受教育程度、移动电话用户率、基本医疗保险参保率	2019 年无基本医疗保险参保率，新增卫生机构床位数
沽源县	就业率、师资教育水平、人均粮食产量、基本医疗保险参保率、农村居民人均可支配收入、移动电话用户率	2019 年无基本医疗保险参保率
崇礼区	就业率、师资教育水平、农村居民人均可支配收入、人均公共财政收入、移动电话用户率、基本医疗保险参保率、基本养老保险参保率	2019 年无基本医疗保险参保率、无基本养老保险参保率，新增人均粮食产量
怀安县	就业率、师资教育水平、农村居民人均可支配收入、移动电话用户率、路网密度、人均粮食产量、受教育程度	2019 年新增人均公共财政预算收入
涞水县	就业率、师资教育水平、受教育程度、移动电话用户率、基本医疗保险参保率	2019 年新增基本养老保险参保率
蔚县	就业率、受教育程度、卫生机构床位数、基本医疗保险参保率、基本养老保险参保率、师资教育水平	
阳原县	就业率、师资教育水平、受教育程度、移动电话用户率、基本医疗保险参保率、基本养老保险参保率	2019 年无基本养老保险参保率，无基本医疗保险参保率
阜平县	受教育程度、师资教育水平、就业率、基本医疗保险参保率、基本养老保险参保率、移动电话用户率、农村居民人均可支配收入	2019 年无农村居民人均可支配收入，新增人均粮食产量
大厂回族自治县	人均公共财政收入、路网密度、农村居民人均可支配收入、师资教育水平（2012—2015 年）、受教育程度（2016—2019 年）、移动电话用户率、就业率	
孟村回族自治县	路网密度、受教育程度、农村居民人均可支配收入、就业率、师资教育水平、人均粮食产量	2019 年无人均粮食产量，新增移动电话用户率

从表 5.2 中可以看出，2012—2019 年长期处于相对贫困状态的 13 个

县相对贫困的主要影响因素集中在农村居民人均可支配收入、就业率、人均粮食产量、移动电话用户率、受教育程度、师资教育水平、基本医疗保险参保率、基本养老保险参保率。蔚县还包含基本医疗维度的卫生机构床位数，大厂回族自治县和孟村回族自治县还包含生活质量维度中的路网密度。2019年各县相对贫困影响因素发生的主要变化有：博野县新增卫生机构床位数；崇礼区和阜平县新增人均粮食产量；怀安县新增人均公共财政预算收入；孟村回族自治县新增移动电话用户率。社会保障维度几乎不再是所有相对贫困县相对贫困的主要影响因素。

通过分析 2012—2019 年相对贫困县相对贫困的其他影响因素发现，一些县相对贫困影响因素存在差异。涞源县、兴隆县、张北县、丰宁满族自治县、涿鹿县、围场满族蒙古族自治县、宽城满族自治县、滦平县、怀来县（2013 年）、雄县（2018 年）、安新县（2018 年）、容城县（2019 年）、徐水县（2019 年）相对贫困主要影响因素还包含卫生机构床位数；望都县相对贫困主要影响因素还包含路网密度和人均粮食产量。

总之，在 2012—2019 年，相对贫困县相对贫困主要影响因素包括农村居民人均可支配收入、就业率、人均粮食产量、移动电话用户率、受教育程度、师资教育水平、卫生机构床位数、基本医疗保险参保率、基本养老保险参保率，大厂回族自治县、孟村回族自治县和望都县还包含路网密度。同时，进一步分析相对贫困县的相对贫困影响因素发现：相对贫困的影响因素会随着社会的发展而发生改变，体现了居民在不同时期对生活追求的变化；在 2019 年之后，社会保障维度的基本医疗保险参保率和基本养老保险参保率不再是相对贫困县相对贫困的主要影响因素，体现了我国政府对社会保障强有力的宣传和实施力度。

5.3 环境—地形因素对县级尺度相对贫困的影响

5.3.1 环境—地形指标选取

基于贫困空间理论，相对贫困与地理环境间存在一定的关系[206]。地理因素与生态差异在空间上的分布均有可能对相对贫困造成影响。因此，选择地理探测器中的因子探测和交互探测方法，分析环境—地形因素对相对贫困的影响。由于环境—地形指标变量为数值型，需要进行离散化处理，使用 K-means 聚类对指标变量进行分类，将分类后的样本点作为自变量，将 2019 年环京津地区相对贫困县的多维相对贫困指数作为因变量。

环境—地形因素指标数据均选自 2019 年。地形起伏度、降水量、年平均气温来源于中国科学院资源环境科学与数据中心，化肥使用量和农药使用量来源于《河北统计年鉴 2020》，PM2.5 浓度来源于加拿大达尔豪斯大学大气成分分析组。其中，年平均气温中，清苑县、涞水县、定兴县、博野县由于缺乏气温观测站而缺省，使用相邻县的年平均气温均值来补齐。环境—地形指标变量的描述性统计如表 5.3 所示。

表 5.3 环境—地形指标变量的描述性统计

指标名称	样本量	极大值	极小值	均值	标准差
化肥使用量（按折纯法计算）	71	90970.0000	505.0000	19407.8398	14463.9701
农药使用量（吨）	71	4152.0000	26.0000	439.9208	455.2952
地形起伏度	71	1.6829	0.0043	0.4389	0.5738
降水量（毫米）	71	9946.4729	4041.1401	5915.7764	855.8080
年平均气温（摄氏度）	71	14.8000	1.6000	11.3770	3.0155
PM2.5 浓度（微克）	71	299329.9999	9580.0000	82683.0762	44820.4788

5.3.2 地理探测器结果分析

本书选择地理探测器中的因子探测和交互探测进行相关分析。由于环境—地形指标变量为数值型，需要进行离散化处理。借助 Python 软件，使用 K-means 聚类对指标变量进行分类，将分类后的样本点作为自变量，将 2019 年环京津地区相对贫困县的多维相对贫困指数作为因变量，通过地理探测器进行分析。

1. 因子探测

因子探测解释了各影响因素对县级相对贫困的影响力，即各影响因素对作为因变量 Y 的解释力 q。表 5.4 中给出了各影响因素对多维相对贫困指数的影响作用力大小，以及 p 值。p 值代表了这个指标的显著性，小于

0.1 代表显著。

表5.4　因子探测结果

参数	化肥使用量	农药使用量	地形起伏度	降水量	年平均气温	PM2.5浓度
q	0.2731	0.07178	0.2910	0.0705	0.2220	0.0396
p	0.7988	0.9490	0.01193	0.4880	0.0078	0.9536

从表5.4可以看出，6个因子中只有地形起伏度和年平均气温通过了显著性检验，说明地形起伏度和年平均气温对相对贫困有显著的影响，其余4种因素对相对贫困的影响均不显著，其影响力从大到小依次排列为：降水量、化肥、农药、PM2.5浓度。观察 q 值，地形起伏度对相对贫困的影响力值为0.2910，影响力最大，年平均气温对相对贫困的影响力值为0.222，对相对贫困影响也较大。

2. 交互探测

交互探测可以弄清楚影响因子对环京津县级尺度相对贫困的影响是否存在彼此间的相互作用。计算结果如表5.5所示。

表5.5　交互探测结果

	化肥使用量	农药使用量	地形起伏度	降水量	年平均气温	PM2.5浓度
化肥使用量	0.2731					
农药使用量	0.4180	0.07178				
地形起伏度	0.4212	0.4039	0.2910			
降水量	0.4110	0.3464	0.3276	0.0705		
年平均气温	0.3983	0.3236	0.3101	0.2606	0.2220	
PM2.5浓度	0.3774	0.2636	0.4050	0.2935	0.3098	0.03958

从表5.5可以看出，环境—地形影响因素对县级尺度相对贫困的影响存在交互作用，任何两个影响因子交互作用后的因子影响力都展现为双线性或非线性强化。其中，呈现非线性增强的两种因子组合有：化肥使用量和农药使用量（0.4180）、化肥使用量和降水量（0.4110）、化肥使用量和PM2.5浓度（0.3774）、农药使用量和地形起伏度（0.4039）、农药使用量和降水量（0.3464）、农药使用量和年平均气温（0.3236）、农药使用量和

PM2.5浓度（0.2636）、地形起伏度和PM2.5浓度（0.4050）、降水量和PM2.5浓度（0.2935）、年平均气温和PM2.5浓度（0.3098）。呈现双因子增强的两种因子组合有：化肥使用量和地形起伏度（0.4212）、化肥使用量和年平均气温（0.3983）、地形起伏度和降水量（0.3276）、地形起伏度和年平均气温（0.3101）、降水量和年平均气温（0.2606）。说明环境—地形因素可扩大彼此对相对贫困的影响力。

由因子探测分析可知，地形起伏度和气温对环京津地区县级尺度相对贫困的影响是显著的。由交互探测分析可知，地形—环境两两组合的影响存在双因子增强作用。环京津地区县级尺度相对贫困的高低及空间分布是受环境—地形因素共同影响的。

5.4 产业发展对县级尺度相对贫困的影响

5.4.1 指标变量的描述性统计

选取2012—2019年环京津71个县的人均公共财政预算支出、第一产业增加值、第二产业增加值和第三产业增加值作为研究变量，数据来源于《河北经济年鉴》和《河北统计年鉴》，其中人均公共财政预算支出为公共财政预算支出与县总人口的比值，指标因素的描述性统计结果如表5.6所示。

为消除量纲的影响，将人均公共财政预算支出、第一产业增加值、第二产业增加值和第三产业增加值等指标变量进行标准化处理。为了保证回归模型结果的准确性，需要对指标变量进行序列的平稳性检验和共线性检验。

表5.6 指标的描述性统计

	指标名称	样本量	极大值	极小值	均值	标准差
政府宏观调控	人均公共财政预算支出	568	29682.84	2073.04	6215.19	3713.83
第一产业发展	第一产业增加值	568	939208	37766	235223.77	162232.17
第二产业发展	第二产业增加值	568	6673049	55283	775241.85	917292.26
第三产业发展	第三产业增加值	568	3741211	75952	651837.49	616768.27

1. 序列的平稳性检验

在进行计量经济学建模之前，首要条件是面板数据为平稳序列，否则可能会出现伪回归现象，使得模型的回归结果不准确。因此，针对标准化后的指标变量，借助 Stata 15 软件进行面板单位根 LCC 检验。检验结果如表5.7所示。

表5.7 序列的平稳性检验

变量名称	趋势项	校正 t^*	P值	结果
多维相对贫困指数	$(n, t, 0)$	-11.1974	0.0000	平稳
人均公共财政预算支出	$(n, t, 0)$	-28.9818	0.0000	平稳
第一产业增加值	$(n, t, 0)$	-10.1260	0.0000	平稳
第二产业增加值	$(n, t, 0)$	-8.1936	0.0000	平稳
第三产业增加值	$(n, t, 0)$	-14.2291	0.0000	平稳

从表5.7可以看出，多维相对贫困指数在1%的显著性水平下通过了显著性检验。选取的指标变量经标准化后的序列也均在1%的显著性水平下通过了显著性检验。说明选取的所有指标变量均满足平稳性定义的条件，可以用来进行计量经济学建模。

2. 指标的共线性检验

为避免指标出现共线性使得指标不具代表性，使用 VIF（Variance Inflation Factor，方差膨胀因子）对指标变量的共线性问题进行检验，其步骤如下：

首先，将各指标变量进行标准化处理，然后使用 Stata 15 对指标变量 $x_i(i=1,2,\cdots,13)$ 进行回归。分别以 $x_i(i=1,2,\cdots,13)$ 每个指标变量为被解释变量，以除 $x_i(i=1,2,\cdots,13)$ 以外的其他指标为解释变量进行回归，计算 $x_i(i=1,2,\cdots,13)$ 的可决系数 R_i^2，如式（5.36）所示。

$$R_i^2 = \frac{\sum_{j=1}^{n}(\hat{x}_{ij} - \bar{x}_i)^2}{\sum_{j=1}^{n}(x_{ij} - \bar{x}_i)^2} \tag{5.36}$$

其中，$\hat{x}_{ij}$ 为 j 地区指标变量 i 的估计值，$\bar{x}_i$ 为指标变量 i 的均值。可决系

数 R_i^2 用来反映指标变量 $x_i(i=1,2,\cdots,13)$ 与其他指标的相关程度,值越小表明与其他指标所反映的信息越不同。

在此基础上,计算指标 $x_i(i=1,2,\cdots,13)$ 的方差膨胀因子 VIF_i,如式(5.37)所示,用来判定指标变量 $x_i(i=1,2,\cdots,13)$ 与其他指标是否存在多重共线性。若 $\text{VIF}_i > 10$,则说明该指标变量与其他指标存在多重共线性,则删除此指标。

$$\text{VIF}_i = \frac{1}{1-R_i^2} \tag{5.37}$$

通过回归分析计算可决系数 R_i^2,并将其代入式(5.37)中,得到指标变量人均公共财政预算支出、第一产业增加值、第二产业增加值、第三产业增加值分别对应的方差膨胀因子为:1.2179、1.0639、1.8918、2.0247。观察可知,选取的指标变量的 VIF_i 均小于 10,则任一指标变量与其他指标均不存在多重共线性。

5.4.2 回归模型的选择与检验

为了分析产业发展对环京津地区县级尺度相对贫困的影响,本书采用面板回归模型进行实证分析和检验。为了得到最优的回归结果,分别使用面板回归模型、地理加权回归模型、多尺度地理加权回归模型和 GTWR 模型进行建模,通过参数比较确定最佳回归模型。

1. 回归模型的选择

(1)面板回归模型。

以 2012—2019 年环京津地区 71 个县的多维相对贫困指数为被解释变量,以第一产业增加值、第二产业增加值、第三产业增加值、人均公共财政预算支出四个因素为解释变量,通过 Stata 15 软件建立面板回归模型。首先通过豪斯曼检验进行随机效应、固定效应的选择,检验结果显示:$\text{chi}^2(5) = 72.20$,P 显著为 0,拒绝原假设,接受固定效应模型。将混合回归和固定效应回归模型的相关参数总结如表 5.8 所示。

表5.8 面板模型的回归系数

模型	样本数	调整 R^2	F	P
混合回归模型	568	0.6180	230.36	0.0000
个体固定效应回归模型	568	0.5015	123.98	0.0000
时间固定效应回归模型	568	0.5919	201.57	0.0000
个体—时间双固定效应回归模型	568	0.6542	82.37	0.0000

由表5.8可知，所有模型均在1%的显著性水平下通过了检验，且个体—时间双固定效应回归模型的调整 R^2 更大，说明在面板回归模型中，个体—时间双固定效应回归模型更适合用来分析产业发展对相对贫困的影响。

（2）GWR和MGWR模型。

由前述研究可知，环京津地区县级尺度相对贫困之间存在着显著的空间集聚效应，因此，产业发展对相对贫困的影响可能存在着因地理位置不同而表现不同的现象，即回归参数随地理位置的变化而变化。为了弥补传统回归模型在空间差异性上表现的不足，考虑使用将样本数据的地理位置嵌入回归参数中的地理加权回归模型（GWR）和多尺度地理加权回归模型（MGWR）[243,244]。由于GWR和MGWR模型均为针对截面数据的地理加权回归模型，所以随机选择2019年数据通过MGWR 2.2软件进行模型回归。得到的GWR和MGWR的模型参数如表5.9所示。

表5.9 GWR和MGWR回归参数比较

模型	样本容量	调整 R^2	AICc 值	残差平方和	局部系数估计值的显著比率（%）
GWR	71	0.727	130.527	15.758	89.08
MGWR	71	0.694	136.223	18.047	86.62

由表5.9可知，对比没有考虑空间效应的面板回归模型，考虑了空间权重的GWR和MGWR都表现出了更优的拟合优度调整 R^2。考虑到模型的复杂性，具有较低的AICc值、残差平方和的模型将更好地拟合观测数据。而GWR的调整 R^2 更高，有更高的局部系数估计值的显著比率，且具有更低的AICc值和残差平方和，所以GWR在两者中更优。但是，两种模型均是针对截面数据进行的回归分析，无法准确地反映2012—2019年产业发展

对相对贫困的时空影响规律。

（3）GTWR模型。

基于全息映射的面板时空地理加权回归模型依全息映射的理念，重新构建了一个较为全面的考虑了样本地区信息向目标分析地区映射过程的直接路径、间接路径的时空权重矩阵，以考察纳入分析的近邻局部点对目标分析地区全方位的、时空维度的影响效应。本书参考相关研究成果[241]，借助Matlab 2019a软件，构建面向2012—2019年环京津地区县级尺度的产业发展对相对贫困影响的面板时空地理加权回归模型。

2. 回归模型的检验

首先，对面板数据进行豪斯曼检验以判断选择随机效应还是固定效应。与传统的面板模型的检验结果一致，豪斯曼检验结果显示选择固定效应模型。其次，为了更好地评估模型中时空溢出效应对相对贫困的影响，对2012—2019年71个县进行空间和时间的最优带宽遴选。GTWR模型中参考三个准则进行时空带宽的遴选，分别为AICc准则、CV准则和GCV准则。

在对2012—2019年71个县构建的产业发展对相对贫困影响的GTWR模型中，由AICc准则得出的最优时间带宽为8，最优空间带宽为71。由CV准则和GCV准则得到的最优时间带宽为8，最优空间带宽为67。因此，要对时空带宽做进一步筛选，则根据这两种时空带宽，分别建立产业发展对环京津地区县级尺度相对贫困影响的GTWR模型，并进行模型的参数对比。基于此，依据对时空带宽的不同选择，将GTWR模型分为混合效应、个体固定效应、时间固定效应、个体—时间双固定效应的面板时空地理加权模型进行建模。不同效应下的面板时空地理加权模型的参数如表5.10和表5.11所示。

表5.10 AICc准则下GTWR模型的统计性质

AICc准则（最优空间带宽=71、最优时间带宽=8）				
	混合效应	个体固定效应	时间固定效应	个体—时间双固定效应
局部系数估计值的显著比率	100%	100%	100%	100%
样本容量	568	568	568	568

续表

AICc 准则（最优空间带宽=71、最优时间带宽=8）				
	混合效应	个体固定效应	时间固定效应	个体—时间双固定效应
随机扰动项方差估计值	0.0153	0.0021	0.0054	0.0181
CV 准则值	3.8915	0.5914	1.3688	5.0727
GCV 准则值	0.0000	0.0000	0.0000	0.0000
AICc 准则值	-745.91	-1875.5	-1342.1	-654.76
调整的 R^2	0.9992	0.5004	0.9169	0.9997
F 统计量值	351900	663.46	3700.9	871600
F 统计量的概率	0.0000	0.0000	0.0000	0.0000
修正的概率临界值（$\alpha=0.01、0.05、0.1$）	0.0246	0.0243	0.0312	0.0253
	0.1228	0.1216	0.1559	0.1264
	0.2455	0.2433	0.3119	0.2527

表5.11　GCV/RSS 准则下 GTWR 模型的统计性质

GCV/RSS 准则（最优空间带宽=67、最优时间带宽=8）				
	混合效应	个体固定效应	时间固定效应	个体—时间双固定效应
局部系数估计值的显著比率	100%	100%	100%	100%
样本容量	568	568	568	568
随机扰动项方差估计值	0.0160	0.0024	0.0056	0.0190
CV 准则值	3.8504	0.6120	1.3445	4.9073
GCV 准则值	0.0000	0.0000	0.0000	0.0000
AICc 准则值	-719.7580	-1807.4	-1322.4	-625.07
调整的 R^2	0.9992	0.4298	0.8749	0.9996
F 统计量值	352150	655.83	2306.3	840920
F 统计量的概率	0.0000	0.0000	0.0000	0.0000
修正的概率临界值（$\alpha=0.01、0.05、0.1$）	0.0239	0.0262	0.0305	0.0273
	0.1195	0.1309	0.1523	0.1364
	0.2389	0.2617	0.3045	0.2727

根据表5.10所列结果可以看出，所有模型参数均在可接受范围内。在最优空间带宽为71、最优时间带宽为8的条件下，个体—时间双固定效应

面板时空地理加权回归模型体现出了比较好的统计性质，虽然方差估计值和 AICc 准则值不是最小的，但是其调整 R^2 最大，为 0.9997，局部系数的估计值的显著性比率达到了 100%，F 统计量也能够通过显著性水平为 0.01 的假设检验。

根据表 5.11 所列结果可以看出，所有模型参数均在可接受范围内，且在最优空间带宽为 67、最优时间带宽为 8 的条件下，个体—时间双固定效应面板模型同样体现出了良好的整体统计性质，调整 R^2 为 0.9996。但是相比较而言，最优空间带宽为 71、最优时间带宽为 8 下的调整 R^2 更大，模型整体的随机扰动项方差估计值更小，AICc 准则值更小，体现出了更优的统计性质。鉴于此，选择最优的空间带宽和时间带宽分别为 71 与 8。在此时空带宽下，选择个体—时间双固定效应模型。同时，与表 5.9、表 5.10 中模型参数结果相比，GTWR 模型的回归参数更优，更适合用来分析 2012—2019 年环京津地区县级尺度产业发展对相对贫困的影响。

基于此，选择空间带宽为 71，时间带宽为 8 的个体—时间双固定效应 GTWR 模型进行 2012—2019 年环京津地区县级尺度产业发展对相对贫困影响的实证分析。

5.4.3　结果分析

借助 Matlab 2019a 软件，基于 GTWR 模型得到 2012—2019 年 71 个县第一产业增加值（$X1$）、第二产业增加值（$X2$）、第三产业增加值（$X3$）、人均公共财政预算支出（$X4$）对多维相对贫困指数的回归系数。由于多维相对贫困指数越大代表相对贫困程度越低，因此，指标对应的回归系数越大，表明该指标对相对贫困的缓解作用越大（后文表述为影响越大）；指标对应的回归系数越小，表明该指标对相对贫困的缓解作用越小（后文表述为影响越小）。2012—2019 年产业发展对相对贫困的 GTWR 模型回归结果见附录 B。

本书重点对 2012 年和 2019 年产业发展对县级尺度相对贫困影响的时空分异情况进行分析。2012 年，$X1$、$X2$、$X3$、$X4$ 对 Y 均呈现正向影响，且 $X3$ 的回归系数最大，其次为 $X1$，且两者回归系数大小相差不大，对相对贫困均有较大影响。再次为 X2，回归系数在 0.16~0.18，对相对贫困有一定的影响。X4 的回归系数最小，最大值为 0.1275，且 76% 的县 X4 的回归系数小于 0.1，表明 X4 对相对贫困的影响较小。2019 年，X1、X2、X3、X4 对 Y 均呈现正向影响，其中对相对贫困影响最大的系数为 X3，其次为 X1 和 X2，影响最小的是 X4，在 2019 年有 88.73% 的县 X4 的回归系数小于 0.1。表 5.12 给出了 2012 年和 2019 年各县回归系数的范围。

表 5.12　县级尺度多维相对贫困指数的回归系数范围

年份	系数	低	较低	中等	较高	高
2012	$X1$	0.2117~0.2257	0.2267~0.2333	0.2341~0.2408	0.2425~0.2542	0.2560~0.2823
	$X2$	0.1646~0.1691	0.1698~0.1721	0.1723~0.1740	0.1745~0.1765	0.1769~0.1796
	$X3$	0.2370~0.2441	0.2454~0.2521	0.2527~0.2586	0.2594~0.2636	0.2657~0.2742
	$X4$	0.0478~0.0594	0.0625~0.0756	0.0770~0.0892	0.0901~0.1055	0.1089~0.1275
2019	$X1$	0.1470~0.1654	0.1686~0.1905	0.1940~0.2108	0.2134~0.2333	0.2389~0.2656
	$X2$	0.1786~0.1856	0.1862~0.1914	0.1918~0.1979	0.2011~0.2097	0.2142~0.2302
	$X3$	0.2239~0.2356	0.2396~0.2505	0.2514~0.2594	0.2596~0.2662	0.2674~0.2729
	$X4$	0.0167~0.0298	0.0339~0.0502	0.0529~0.0706	0.0735~0.0959	0.0982~0.1187

将产业发展对环京津地区县级尺度相对贫困影响的时空分异变化借助 ArcGIS 软件进行可视化，可以更直观地观察不同年份的产业发展对于相对贫困影响的时空变化规律。

1. 第一产业发展对相对贫困的影响

通过对回归结果分析可以发现：在 2012 年，环京津地区 15.49% 的县第一产业增加值回归系数大于第二产业和第三产业，84.50% 的县第一产业增加值回归系数小于第三产业且大于第二产业，与第三产业增加值的回归系数相差不大。因此，第一产业增加值对相对贫困的总体影响中等偏大。在 2019 年，只有 2.81% 的县第一产业增加值回归系数大于第二产业和第三产业，有 36.63% 的县第一产业增加值回归系数小于第三产业但大于第二产业，其余的县第一产业增加值回归系数均小于第三产业和第二产业，说明随着产业结构的调整，第一产业对环京津地区县级尺度相对贫困的影响在逐渐变小，总体影响程度较低。

2012年，第一产业对相对贫困影响低和较低的县集中在北京、天津的南北两侧，影响高和较高的县则集中在环京津地区东西边缘，整体呈现"两边高，中间低"的特征。2019年，第一产业对相对贫困影响高和较高的县集中在环京津地区的西部，并逐渐向东北方向递减，整体呈现"西高东低"的特征。总结2012年和2019年环京津地区第一产业对不同县域相对贫困的影响强度的空间分布情况如附录C中表C-1所示。

对比2012年和2019年，可以看出第一产业对环京津地区县级尺度相对贫困影响高和较高的县始终集中在环京津地区西部边缘的张家口市西部和保定市西部，而第一产业对唐山市乐亭县相对贫困则由2012年的高影响变为2019年的低影响。在2012年，第一产业对相对贫困影响高和较高的区域集中在张家口市、承德市、唐山市和保定市，分布在环京津地区的东部、西部两侧；在2019年，第一产业对相对贫困影响高和较高区域则集中在张家口市和保定市，分布在北京市西部，而承德市的平泉县、宽城县以及唐山市的迁安市、滦县、滦南县由2012年的较高影响降为2019年的低影响。说明第一产业始终对张家口市和保定市相对贫困的影响较大，而对承德市和唐山市则由较高影响降至低影响，表明这些区域产业结构发生了改变，第一产业不再是主要发展产业。

在2012年和2019年，第一产业对相对贫困中等影响区域均集中在张家口市东部和保定市东部；2012年，第一产业对沧州市东部县相对贫困的影响等级为中等，至2019年则降为较低；2012年，第一产业对沧州市西部县相对贫困的影响等级为较低，至2019年则升为中等；2012年，第一产业对相对贫困影响较低的区域分布在北京市、天津市周边，呈分散状，至2019年则集中分布在承德市（包括围场满族蒙古族自治县、隆化县和丰宁满族自治县）、廊坊市以及沧州市的中部和东部；2012年，第一产业对相对贫困影响低的区域零散分布在张家口市（赤城县）、承德市西北部、廊坊市以及保定市（涿州市和雄县），至2019年则均升为较低或中等影响区域，说明经由产业结构调整，第一产业对这些区域的影响呈升高的趋势。2019年，第一产业对相对贫困影响低的区域集中在承德市东南部和唐山市，表明 2019 年第一产业对承德市东南部和唐山市的县影响相对较小。

由此可见，2012—2019 年，张家口市和保定市依然以第一产业为主要发展产业，而且在时空上呈现影响范围逐渐向东蔓延，影响程度也呈增高趋势。这应该与张家口市作为北京市的生态涵养区有关。2010 年，河北省提出了环首都绿色经济圈战略，并写入河北省"十二五"规划纲要，该战略辐射范围包括环绕首都的廊坊市、保定市、张家口市、承德市，主要发展以生态建设带动经济发展的休闲度假、观光农业、绿色有机蔬菜、宜居生活等产业。在"十二五"规划中，以张家口为例，取缔了多项重污染的工业企业，强化生态修复、水源保护、生态补偿等，同时大力发展生态农业等生态友好型产业，促进生态特色城镇和新农村建设发展。这些措施均明确了张家口市、保定市等环绕北京的城市的发展战略，加大第一产业的特色发展。所以在 2019 年，北京周边县的第一产业影响强度均呈现增强趋势。承德市和唐山市的东部边缘，第一产业发展对相对贫困的影响强度表现为减弱趋势，可能与第三产业的主导位置与环绕北京的张家口市、保定市产业调整有关，大部分工业企业外迁，迁至距离北京相对较远的唐山市，使得这些区域第二产业发展比重增大。

2. 第二产业发展对相对贫困的影响

由回归系数可知，在 2012 年，环京津地区所有贫困县第二产业增加值回归系数均小于第三产业和第一产业。在 2019 年，环京津地区 46.48% 的县第二产业增加值的回归系数大于第一产业。

2012 年，第二产业对相对贫困高影响县集中在北京、天津附近，并且逐渐向外呈层级减弱分布，其影响的整体空间分布呈现"中间高，两边低"特征。2019 年，第二产业对相对贫困高影响县集中在承德市、唐山市，向西逐渐减弱，集中在北京市周边的县第二产业对相对贫困的影响均退化为较低等级。2019 年，第二产业对相对贫困的影响整体呈现"西低东高"特征。第二产业对相对贫困影响的空间聚集度增大，由 2012 年空间离散化转变为 2019 年的空间集中化聚集状态。总结 2012 年和 2019 年环京津地区第二产业对不同县域相对贫困的影响强度的空间分布情况如附录 C

中表 C-2 所示。

比较 2012 年与 2019 年第二产业对环京津地区县相对贫困的影响，其主要变化为：第二产业对相对贫困影响高的县由 2012 年零星分布在北京市周边至 2019 年变化为集中在承德市和唐山市。第二产业对相对贫困影响较高的区域由 2012 年零星分布在环京津地区六个地级市变为 2019 年集中分布在承德市、廊坊市、沧州市东部等区域，空间分布表现为逐渐向环京津地区东部偏移。第二产业对相对贫困影响中等区域由 2012 年分布在环京津地区六个地级市且呈环状围绕北京和天津两市变为 2019 年集中分布在承德市（丰宁满族自治县）以及廊坊市、保定市和沧州市三市交界处。第二产业对相对贫困影响较低和低的区域由 2012 年分布在环京津地区东、西两侧变为 2019 年集中分布在张家口市和保定市。第二产业对相对贫困影响的区域分布经历了较大变化，这与该区域各市发展方式转变与产业结构调整有关。

与第一产业的影响程度的变化不同，2019 年环绕在北京周边的县第一产业对相对贫困的影响增高，第二产业的影响减弱，这与我国进行生态建设、维持首都绿色发展的产业转型有关。以张家口市为例，张家口作为华北重要的老工业基地，曾经拥有各类企业上万家，但是其粗放式的发展模式使得生态环境严重恶化。一方面生态倒逼使得经济发展的脚步陷入停滞，另一方面张家口作为北京重要的水源地和生态屏障，要保证首都的供水和生态环境。基于此，"十二五"期间张家口坚持转变发展方式，以打造京津冀"最佳生态涵养区"作为城市发展的唯一战略选择进行了产业发展调整，降低高耗能产业的规模比重，外迁企业，关停高排放、高污染的投资项目，大力开展生态环境整治工程，治理水土流失、实施各类林业生态建设工程等。2019 年，作为首都生态涵养区的张家口，以及围绕在北京周边的保定、廊坊、承德等市的产业发展方向均进行了较大调整，因此，第二产业发展对这些城市相对贫困的影响明显减弱。唐山作为工业型城市，地理位置上距离北京相对较远，承接了这些城市外流的部分工业企业，使得第二产业的发展对相对贫困的影响明显增强。

3. 第三产业发展对相对贫困的影响

通过对回归结果分析可知，2012年和2019年，第三产业对相对贫困的影响均最大，并且对比同年的第一产业和第二产业的回归系数，第三产业对相对贫困的影响程度呈现增强趋势。

2012年第三产业对相对贫困高影响县集中在张家口市北部、北京市西北部，并且向东部呈环状减弱。第三产业对相对贫困低影响县集中分布在天津市的南侧。2019年，第三产业对相对贫困高影响县仍集中在张家口市，影响较高县集中在张家口市、保定市并逐渐蔓延至廊坊市和沧州市，主要分布在北京市南部。总结2012年和2019年环京津地区第三产业对不同县域相对贫困的影响强度的空间分布情况如附录C中表C-3所示。

对比2012年与2019年第三产业对环京津地区县级尺度相对贫困的影响，其主要变化为：第三产业对相对贫困高影响县始终集中在张家口市北部和承德市（丰宁县）；第三产业对相对贫困较高影响区域由2012年集中在承德市（围场满族蒙古族自治县和隆化县）、张家口市（南部县）以及保定市西北部少量县变为2019年逐渐由保定市向东部蔓延，至廊坊市以及沧州市西部县。对比2012年，2019年第三产业对相对贫困较高影响区域呈现明显的空间分布扩大趋势。2012年第三产业对相对贫困中等影响区域主要集中在保定市和廊坊市，且大部分在2019年跃迁至较高影响等级，2019年第三产业对相对贫困中等影响区域零散分布在张家口市、承德市、廊坊市、保定市、沧州市，且数量较少。第三产业对相对贫困较低和低值影响区域主要分布在承德市东部、唐山市、沧州市东部，这些区域距离北京市相对较远，且相对贫困受第三产业发展的影响较小。

第三产业对相对贫困的时空影响呈现明显的增强趋势，以张家口市的旅游业为例，生态涵养区定位使得以工业为主的张家口市面临产业转型。为此，张家口首先在"十二五"期间进行了生态环境治理，并在短时期发生巨大变化。近年来，张家口坚持绿色发展，打造生态名片，并在2015年入围国家第一批生态文明先行示范区。在此基础上，张家口主要发展以生态建设带动经济发展的休闲度假、观光农业、宜居生活等产业。张家口邻近北京，有天然的距离优势，依托北京强大的市场，张家口发展起旅游业。例如，张家口蔚县的暖泉古镇以及"打树花"民俗文化活动，中国十大最美丽公路之一的草原天路、赤城的温泉区、张北县的草原风景区、崇礼区的滑雪区等旅游景点以及与此相辅相成的服务业、物流业和交通运输业，都背靠北京强大的市场逐渐发展起来。

2019年，第三产业对保定市大部分贫困县的影响都达到较高等级，这与保定市脱贫攻坚的战略部署相关。2012年，保定市开始育产业、兴旅游、护生态，推动"文化保定"和"山水保定"同步建设，大力发展文旅产业，在带动脱贫等多项工作中显示了显著成效。据保定统计公报数据，保定市在2019年实现旅游总收入1400多亿元，充分说明了第三产业中的旅游业对保定市发展的重大影响。

4. 人均公共财政预算支出对相对贫困的影响

人均公共财政预算支出对相对贫困的影响反映了政府宏观调控力度对相对贫困的作用。从回归系数上看，2012年和2019年对比三大产业对相对贫困的影响，人均公共财政预算支出对相对贫困的影响均是最小的，且在2012年，76%的县的回归影响系数小于0.1，在2019年，88.73%的县的回归影响系数小于0.1。

2012年，人均公共财政预算支出对相对贫困高影响区域集中在承德市、唐山市以及沧州市，并且呈带状分布逐渐向西递减，低影响区域主要集中在张家口市和保定市，整体呈现"西低东高"的特征。对比2012年和2019年，人均公共财政预算支出对相对贫困影响的整体区域分布没有明显的变化，但是各影响强度对应的区域呈现空间分布减少趋势。总结2012年和2019年环京津地区人均公共财政预算支出对不同县域相对贫困的影响强度的空间分布情况如附录C中表C-4所示。

比较2012年与2019年人均公共财政预算支出对环京津地区县相对贫困的影响，其发生的主要变化为：2012年和2019年人均公共财政预算支出对相对贫困高影响县始终集中在承德市和唐山市。人均公共财政预算支出对沧州市的黄骅市、海兴县和盐山县3个县的影响程度由2012年的高影响等级降为 2019 年的较高影响等级；人均公共财政预算支出对相对贫困较高影响县逐渐由 2012 年的沧州市、廊坊市向 2019 年的沧州市东部收缩，向环京津地区的东南部聚集，并在 2019 年集中在承德市、廊坊市（三河市、大厂回族自治县和香河县）以及沧州市东部。整体而言，2012—2019 年人均公共财政预算支出对相对贫困高和较高影响的县分布呈缩小态势，说明人均公共财政预算支出对相对贫困的影响在空间上呈现减弱趋势。人均公共财政预算支出对相对贫困中等影响的县除了承德市的丰宁满族自治县外逐渐向环京津地区南部聚集，集中在廊坊市、保定市和沧州市等三市交界处；人均公共财政预算支出对相对贫困较低影响和低影响县始终集中在张家口市和保定市，呈半包围环绕在北京市西部周边，且空间范围呈扩大趋势，说明张家口市和保定市的相对贫困受政府宏观调控影响较小。

人均公共财政预算支出反映了政府宏观调控的力度。与三大产业的回归系数相比，人均公共财政预算支出的系数最小，说明政府宏观调控已经不是影响环京津地区县级尺度相对贫困的最主要因素。这既反映了我国在脱贫攻坚过程中投入的财政支出已经比较充足，新时期财政投入不足已经不再是形成县相对贫困的主要原因，也反映了我国在相对贫困治理、走向共同富裕过程中最有效措施是要提高相对贫困县的"造血"能力，即在消除绝对贫困后，继续实施可持续性产业扶贫来继续缓解相对贫困。

5. 2019 年产业发展对县级尺度相对贫困的影响

考虑到数据时效性，总结了 2019 年各贫困县三大产业对其相对贫困的影响，并根据各产业不同影响程度将这些贫困县划分为四类，具体如表 5.13 所示。

表 5.13　2019 年各贫困县产业发展对其相对贫困影响程度及分类

类别	县	$X1$	$X2$	$X3$	$X4$
第一产业发展为主，第三产业发展为辅	尚义县	高	低	中等	低
	阜平县	高	低	中等	低

续表

类别	县	X1	X2	X3	X4
第一、第三产业发展为主	康保县	高	低	较高	低
	蔚县	高	低	较高	低
	阳原县	高	低	较高	低
	涞源县	高	低	较高	低
	万全县	高	低	较高	低
	涞水县	较高	较低	较高	较低
	崇礼区	较高	较低	高	较低
	怀安县	高	低	较高	低
	望都县	较高	较低	较高	较低
	博野县	较高	较低	较高	较低
第三产业发展为主，第一产业发展为辅	赤城县	中等	较低	高	较低
	徐水县	中等	较低	较高	较低
	沽源县	中等	较低	高	较低
	永清县	较低	中等	较高	中等
	容城县	中等	中等	较高	中等
第二产业发展为主	宽城满族自治县	低	高	低	高
	大厂回族自治县	较低	高	中等	较高
	海兴县	较低	高	较低	较高
	孟村回族自治县	较低	高	较低	较高

从表5.13可以看出，在2019年，尚义县和阜平县以第一产业发展为主，第三产业发展为辅；康保县、蔚县、阳原县、涞源县、万全县、涞水县、崇礼区、怀安县、望都县、博野县以第一、第三产业发展为主；赤城县、徐水县、沽源县、永清县、容城县以第三产业发展为主，第一产业发展为辅。前三类县均分布在北京市周边，主要集中在张家口市和保定市，其发展定位是首都生态屏障和重要资源的生态涵养发展区，其发展策略是坚持把生态建设和保护作为首要任务，充分发挥生态资源效益，大力发展生态服务型经济，发展服务型第一产业，壮大第三产业，实现产业的跨越式升级。

宽城满族自治县、大厂回族自治县、海兴县、孟村回族自治县以发展第二产业为主,其中宽城满族自治县、海兴县、孟村回族自治县地理位置均距离京津较远。随着我国对环保要求的提高,以及我国经济发展逐步从工业化向服务型的经济结构转型,这些县要注意实现高质量的现代化经济体系。同时,相关研究表明,加强农业、工业和服务业的协同增效能够显著降低相对贫困。由于第一产业是第二、第三产业的基础,第三产业的发展也能促进第一、第二产业的进步,从产业发展多样性角度,此类县也要关注第一产业和第三产业的发展,形成多种产业协同发展的局面。

5.5 小结

(1) 利用指标贡献度分析方法对 2012—2019 年环京津地区县级尺度多维相对贫困指数进行了分解和分析。通过综合分析,发现就业率、人均粮食产量、农村居民人均可支配收入、移动电话用户率、师资教育水平、受教育程度、卫生机构床位数、基本医疗保险参保率和基本养老保险参保率为相对贫困主要影响因素。此外,大厂回族自治县、孟村回族自治县和望都县相对贫困影响因素还包含路网密度。进一步分析发现,环京津地区县级尺度相对贫困影响因素随着社会发展在不断发生改变。

(2) 利用地理探测器分析了环京津地区环境—地形因素对相对贫困的影响。因子探测结果显示,在化肥使用量、农药使用量、地形起伏度、降水量、年平均气温、PM2.5 浓度六个因素中,地形起伏度和年平均气温对相对贫困有显著的影响,且对相对贫困的解释力 q 值较大;交互探测结果表明,任何两个影响因子交互作用后的因子影响力都展现为双线性或非线性强化,说明环京津地区县级尺度相对贫困的高低及空间分布是受环境—地形因素共同影响的。

(3) 采用基于全息映射的面板时空地理加权回归模型分析了产业发展对相对贫困的影响。以 2012—2019 年环京津地区县级尺度多维相对贫困指数为被解释变量,以第一产业增加值、第二产业增加值、第三产业增加值以及人均公共财政预算支出为解释变量构建了回归模型,通过参数比较,确定时间带宽为 8、空间带宽为 71 的 GTWR 模型的参数更优,更适合进行实证分析。从回归系数来看，第一产业、第二产业、第三产业、人均公共财政预算支出均对相对贫困有缓解作用，且第三产业影响最大，人均公共财政预算支出影响最小。对比2012年与2019年各产业发展对各县相对贫困的影响发现，环京津地区大部分相对贫困县主要受第一产业和第三产业的影响，且这些县受财政支出的影响较小。海兴县、宽城满族自治县、孟村回族自治县、大厂回族自治县主要受第二产业的影响，且受财政支出影响较大。

6 环京津贫困带相对贫困协同治理研究

基于2012—2020年NPP/VIIRS夜间灯光数据，建立多维相对贫困指数估计模型，实现对乡镇尺度相对贫困的监测；根据确定的环京津地区相对贫困主要影响因素，综合环境—地形、产业发展对相对贫困影响的分析结果，提出环京津地区县级尺度相对贫困协同治理策略；采用SFIC模型，以环京津地区D县Q镇为例，构建相对贫困协同治理框架。

6.1 基于夜间灯光数据的相对贫困监测

6.1.1 夜间灯光数据的校正

NPP/VIIRS夜间灯光数据来自https://eogdata.mines.edu/products/vnl/。其中，2015年和2016年是年度合成数据，年度合成为"vcm"版本，2012—2014年、2017—2020年是月度合成数据，月度合成为"vcmsl"版本。"vcm"版本排除了任何受杂光影响的数据。"vcmsl"版本包括杂光校正数据，将有更多的数据覆盖到两极，但质量有所降低。考虑到数据的一致性和连续性，年度和月度数据均选用"vcm"版本。NPP/VIIRS合成产品的空间分辨率约为500m。由于受背景噪声（火光、废气燃烧、火山爆发）的影响，NPP/VIIRS中部分像元值为负值。此外，高反照率的表面（如积雪覆盖的山顶）会使一些本来灯光较弱的区域像元值突然变大。因此，在利用NPP/VIIRS评估中国相对贫困空间分布时，必须将原始数据进行预处理。对NPP/VIIRS数据处理包括以下步骤。

1. 灯光的年度合成

将2012—2014年、2017—2020年的NPP/VIIRS月度数据导入ArcGIS软件中,使用Spatial Analyst Tools中的Cell Statistics功能,按平均值进行统计,合成对应年份的年度数据。最终得到2012—2020年度NPP/VIIRS夜间灯光数据。

2. 重投影、重采样

使用ArcGIS软件中的"投影变换"功能,将2012—2020年NPP/VIIRS数据转换为Albers Equal Area Conic投影,相关参数设置为:Central_ Meridian:105.0、Standard_ Parallel_ 1:25.0、Standard_ Parallel_ 2:48.0、Latitude_ Of_ Origin:0.0。重采样为1km×1km的空间分辨率。

3. 裁切

使用ArcGIS中的"Extraction—Extract by Mask"对重投影、重采样后的影像裁剪得出中国行政边界的年合成的夜间灯光数据,初始DN总值如图6.1所示,发现数据之间存在异常波动,需要进行进一步校正。

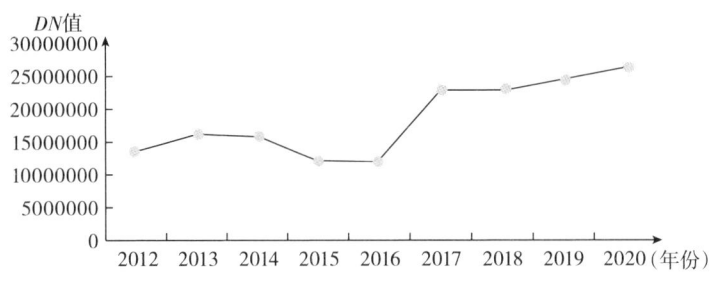

图6.1 初始NPP/VIIRS夜间灯光数据的DN值

4. 稳定性校正

为了降低NPP/VIIRS夜间灯光数据中存在的背景噪声的影响,以2016年的年度合成数据的稳定亮元区域作为不变区域,使用ArcGIS中的"栅格计算器"中的"con语句"将2016年的夜间灯光数据按照式(6.1)进行二值化处理。

$$DN_{2016} = \begin{cases} 1, DN_{2016} > 0 \\ 0, DN_{2016} \leq 0 \end{cases} \quad (6.1)$$

将二值化结果与其他年份数据相乘,从而对其余年份的数据进行稳定性校正。校正式如下:

$$DN_{(n,i*)} = DN_{(2016,i>0)} \times DN_{(n,i)} \quad (6.2)$$

其中,$n = 2012,2013,\cdots,2020$,$DN_{(n,i)}$ 为第 n 年第 i 个像元的 DN 值。$DN_{(n,i*)}$ 为第 n 年经过稳定性校正后的 DN 值,$DN_{(2016,i>0)}$ 为 2016 年的二值化后的值。

5. 异常值剔除

观察稳定性校正后数据,发现某些年份的最低值为负数。通过式(6.3)借助"栅格计算器"将负值进行归 0 处理。

$$DN_{(n,i*)} = 0, \text{当} DN_{(n,i*)} < 0 \quad (6.3)$$

其中,n 为最低值为负值的年份,$DN_{(n,i*)}$ 为第 n 年经过稳定性校正后的 DN 值。

6. 时间序列校正

时间序列校正的基本假设为夜间灯光处于不断扩散和增强的状态,与中国的社会经济高速发展相符合。因此要保证较早的灯光影像 DN 值不大于较后年份的灯光影像 DN 值。对于在部分影像中存在缺失的不稳定像元,将其 DN 值替代为 0。校正过程如式(6.4)所示:

$$\begin{cases} DN_{(n,i)} = 0, & DN_{(n+1,i)} = 0 \\ DN_{(n,i)} = DN_{(n-1,i)}, & DN_{(n+1,i)} > 0 \text{ and } DN_{(n-1,i)} > DN_{(n,i)} \\ DN_{(n,i)} = DN_{(n,i)}, & \text{other} \end{cases}$$

$$(6.4)$$

其中,$DN_{(n-1,i)}$、$DN_{(n,i)}$ 以及 $DN_{(n+1,i)}$ 分别是第 $n-1$ 年、第 n 年以及第 $n+1$ 年经过时间序列校正后像元 i 的 DN 值。

经过上述数据校正过程,得到中国 2012—2020 年校正后的 NPP/VIIRS 夜间灯光数据,校正后的 NPP/VIIRS 数据的 DN 值如图 6.2 所示,发现校正后的灯光数据稳定上升，与中国的不断增长的经济社会发展现实相符。

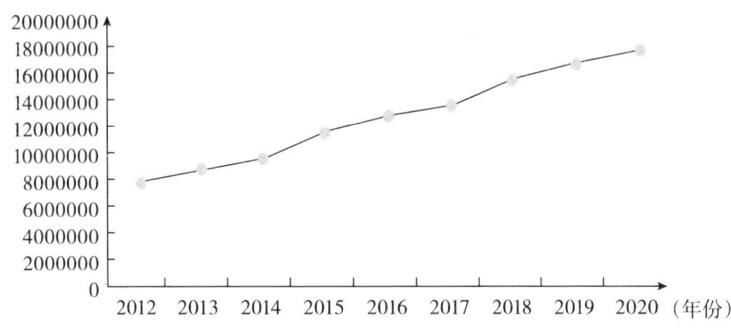

图 6.2 校正后 NPP/VIIRS 夜间灯光数据的 DN 值

对环京津地区行政边界裁剪后的 2012—2020 年的 NPP/VIIRS 灯光数据值进行分区统计，为后续建模做数据准备，分区统计后的环京津区域县域平均夜间灯光数据如附录 D 中表 D-1 所示。

6.1.2 多维相对贫困指数估计模型的建立与检验

1. 多维相对贫困指数估计模型的建立

将 2012—2019 年环京津地区 71 个县的多维相对贫困指数与 NPP/VIIRS 夜间灯光数据分别作为因变量和自变量建立面板回归模型，首先通过豪斯曼检验，判断出选择固定效应模型。然后建立固定效应的面板回归模型，得到三种模型的组间 R^2 分别为：个体固定效应模型的组间 R^2 为 0.4309，时间固定效应模型的组间 R^2 为 0.6198，个体—时间双固定效应模型的组间 R^2 为 0.6587。

因此，选择个体—时间双固定模型的回归结果构建多维相对贫困指数估计模型，如式（6.5）所示。

$$MRPI = 0.0523 \times ANLI + 0.1907 \quad (6.5)$$

其中，MRPI 为环京津某县多维相对贫困指数，ANLI 为该县 NPP/VIIRS 夜间灯光密度。

利用式（6.5），依环京津各县 2012—2020 年校正后的 NPP/VIIRS 夜间灯光密度值,可以对 2012—2020 年环京津各县多维相对贫困指数进行估算。计算结果如表 6.1 所示。

表 6.1 2012—2020 年环京津地区县级尺度相对贫困指数估算结果

年份 县域	2012	2013	2014	2015	2016	2017	2018	2019	2020
安国市	0.1995	0.2021	0.2038	0.2064	0.2139	0.2315	0.2439	0.2702	0.2887
安新县	0.2112	0.2165	0.2176	0.2223	0.2272	0.2356	0.2394	0.2464	0.2509
霸州市	0.2622	0.2937	0.3067	0.3511	0.3712	0.3766	0.3873	0.3965	0.4033
泊头市	0.2031	0.2077	0.2094	0.2152	0.2201	0.2254	0.2296	0.2350	0.2377
博野县	0.1985	0.2009	0.2025	0.2051	0.2088	0.2149	0.2159	0.2199	0.2212
沧县	0.2132	0.2208	0.2251	0.2337	0.2386	0.2462	0.2501	0.2552	0.2630
承德县	0.1949	0.1957	0.1963	0.1987	0.2003	0.2008	0.2016	0.2027	0.2033
赤城县	0.1918	0.1920	0.1920	0.1922	0.1925	0.1927	0.1930	0.1931	0.1933
崇礼区	0.1926	0.1928	0.1930	0.1946	0.1962	0.1972	0.1983	0.1996	0.2002
大厂回族自治县	0.2607	0.2885	0.3167	0.4172	0.4552	0.4464	0.4686	0.4767	0.4795
大城县	0.2104	0.2161	0.2199	0.2256	0.2307	0.2344	0.2368	0.2391	0.2410
定兴县	0.2015	0.2062	0.2077	0.2120	0.2185	0.2226	0.2235	0.2273	0.2313
定州市	0.2102	0.2153	0.2241	0.2385	0.2479	0.2508	0.2565	0.2636	0.2680
东光县	0.2022	0.2057	0.2068	0.2115	0.2150	0.2176	0.2188	0.2241	0.2276
丰宁满族自治县	0.1913	0.1916	0.1917	0.1920	0.1926	0.1932	0.1946	0.1954	0.1956
阜平县	0.1936	0.1941	0.1943	0.1952	0.1963	0.1978	0.1988	0.2007	0.2009
高碑店市	0.2148	0.2237	0.2272	0.2382	0.2457	0.2729	0.2745	0.2804	0.3053
高阳县	0.2185	0.2278	0.2292	0.2393	0.2434	0.2513	0.2556	0.2634	0.2671
固安县	0.2258	0.2420	0.2513	0.2822	0.2888	0.2762	0.3020	0.3110	0.3183
沽源县	0.1917	0.1919	0.1920	0.1928	0.1947	0.1953	0.1955	0.1958	0.1960
海兴县	0.2008	0.2031	0.2039	0.2062	0.2123	0.2181	0.2193	0.2206	0.2222
河间市	0.2134	0.2191	0.2200	0.2251	0.2296	0.2398	0.2409	0.2463	0.2500
怀安县	0.1979	0.1988	0.1996	0.2008	0.2027	0.2031	0.2042	0.2054	0.2063
怀来县	0.2027	0.2037	0.2044	0.2092	0.2152	0.2183	0.2202	0.2247	0.2257
黄骅市	0.2295	0.2402	0.2460	0.2651	0.2821	0.2933	0.3006	0.3089	0.3173

续表

年份\县域	2012	2013	2014	2015	2016	2017	2018	2019	2020
康保县	0.1912	0.1913	0.1915	0.1916	0.1919	0.1921	0.1923	0.1924	0.1926
宽城满族自治县	0.2016	0.2038	0.2066	0.2143	0.2161	0.2158	0.2183	0.2196	0.2203
涞水县	0.1980	0.2011	0.2033	0.2053	0.2079	0.2094	0.2109	0.2122	0.2124
涞源县	0.1963	0.1980	0.1991	0.2011	0.2029	0.2026	0.2042	0.2053	0.2060
乐亭县	0.2298	0.2410	0.2533	0.2780	0.2830	0.2760	0.2867	0.2893	0.2960
蠡县	0.2076	0.2137	0.2171	0.2230	0.2290	0.2345	0.2363	0.2428	0.2439
隆化县	0.1926	0.1931	0.1934	0.1942	0.1947	0.1947	0.1955	0.1958	0.1961
滦南县	0.2178	0.2258	0.2364	0.2455	0.2532	0.2515	0.2600	0.2625	0.2653
滦平县	0.1963	0.1975	0.1983	0.2001	0.2015	0.2018	0.2034	0.2047	0.2054
滦县	0.2324	0.2397	0.2492	0.2660	0.2833	0.2814	0.2882	0.2922	0.2947
满城县	0.2131	0.2201	0.2249	0.2344	0.2408	0.2441	0.2486	0.2630	0.2643
孟村回族自治县	0.2183	0.2231	0.2241	0.2284	0.2332	0.2416	0.2426	0.2436	0.2467
南皮县	0.2010	0.2052	0.2072	0.2130	0.2164	0.2204	0.2226	0.2267	0.2320
平泉县	0.1947	0.1952	0.1961	0.2016	0.2035	0.2040	0.2048	0.2055	0.2063
迁安市	0.2768	0.2823	0.2869	0.3122	0.3168	0.3025	0.3227	0.3316	0.3341
迁西县	0.2075	0.2094	0.2103	0.2147	0.2168	0.2158	0.2196	0.2252	0.2272
青县	0.2076	0.2123	0.2135	0.2174	0.2209	0.2269	0.2278	0.2298	0.2323
清苑县	0.2097	0.2154	0.2170	0.2243	0.2311	0.2446	0.2468	0.2515	0.2530
曲阳县	0.1986	0.2009	0.2022	0.2040	0.2100	0.2146	0.2155	0.2194	0.2227
任丘市	0.2404	0.2557	0.2586	0.2867	0.2956	0.3104	0.3198	0.3307	0.3393
容城县	0.2125	0.2214	0.2244	0.2328	0.2387	0.2447	0.2535	0.2680	0.3618
三河市	0.2822	0.3070	0.3196	0.3700	0.3846	0.3774	0.3940	0.4057	0.4107
尚义县	0.1920	0.1921	0.1923	0.1931	0.1936	0.1938	0.1943	0.1951	0.1955
顺平县	0.1976	0.2002	0.2017	0.2038	0.2063	0.2099	0.2111	0.2141	0.2146
肃宁县	0.2175	0.2266	0.2331	0.2528	0.2565	0.2527	0.2651	0.2748	0.2837
唐县	0.1967	0.1988	0.2002	0.2021	0.2047	0.2077	0.2087	0.2114	0.2118
望都县	0.2002	0.2027	0.2045	0.2096	0.2135	0.2167	0.2185	0.2257	0.2264
万全县	0.2029	0.2044	0.2051	0.2085	0.2104	0.2100	0.2126	0.2151	0.2162

续表

年份 县域	2012	2013	2014	2015	2016	2017	2018	2019	2020
围场满族蒙古族自治县	0.1913	0.1915	0.1916	0.1919	0.1925	0.1928	0.1929	0.1932	0.1933
文安县	0.2205	0.2319	0.2353	0.2450	0.2502	0.2543	0.2573	0.2612	0.2666
吴桥县	0.1981	0.1991	0.2002	0.2013	0.2030	0.2062	0.2068	0.2093	0.2121
香河县	0.2374	0.2575	0.2668	0.3232	0.3601	0.3652	0.3706	0.3809	0.3859
献县	0.2022	0.2057	0.2068	0.2090	0.2112	0.2128	0.2150	0.2185	0.2203
兴隆县	0.1932	0.1935	0.1938	0.1954	0.1961	0.1969	0.1977	0.1982	0.1985
雄县	0.2206	0.2336	0.2385	0.2540	0.2664	0.2699	0.2735	0.2840	0.3125
徐水县	0.2147	0.2231	0.2304	0.2409	0.2671	0.2835	0.2895	0.3107	0.3237
阳原县	0.1948	0.1953	0.1958	0.1971	0.1982	0.1984	0.1999	0.2004	0.2006
盐山县	0.2060	0.2104	0.2127	0.2163	0.2211	0.2240	0.2256	0.2278	0.2315
易县	0.1941	0.1957	0.1970	0.1980	0.2002	0.2022	0.2028	0.2039	0.2041
永清县	0.2124	0.2188	0.2212	0.2264	0.2371	0.2479	0.2517	0.2600	0.2656
玉田县	0.2152	0.2193	0.2299	0.2512	0.2582	0.2592	0.2644	0.2693	0.2716
蔚县	0.1948	0.1952	0.1956	0.1965	0.1979	0.1981	0.1989	0.1995	0.1998
张北县	0.1932	0.1934	0.1937	0.1961	0.1988	0.1992	0.1998	0.2004	0.2007
涿鹿县	0.1951	0.1959	0.1967	0.1987	0.1997	0.2010	0.2017	0.2025	0.2030
涿州市	0.2222	0.2328	0.2387	0.2508	0.2601	0.2658	0.2708	0.2766	0.2804
遵化市	0.2124	0.2143	0.2150	0.2190	0.2232	0.2256	0.2286	0.2346	0.2361

2. 多维相对贫困指数估计模型的检验

为了验证估算结果的可靠性，可对多维相对贫困指数估算值进行误差检验，其计算公式为：

$$\text{RE} = \frac{\text{MRPI}_e - \text{MRPI}_d}{\text{MRPI}_d} \times 100\% \tag{6.6}$$

$$\text{ARE} = \frac{\sum_{i=1}^{n} |(\text{RE})_i|}{n} \tag{6.7}$$

其中，RE 为相对误差，ARE 为平均相对误差，MRPI_e 为某县由夜间灯光密度估算的多维相对贫困指数，$MRPI_d$ 为该县多维相对贫困指数，n 为县的数量。

利用式（6.6）和式（6.7）计算 2012—2019 年环京津各县多维相对贫困指数估计值与实际值之间的相对误差 RE 值，得到的结果如附录 D 中表 D-2 所示，汇总得到总体精度百分比如表 6.2 所示、平均相对误差如表 6.3 所示。

表 6.2　RE 精度百分比汇总

年份	县的个数			精度百分比（%）		
	RE<25%	RE（25%~50%）	RE>50%	高	中等	低
2012	56	13	2	0.79	0.18	0.03
2013	53	17	1	0.75	0.24	0.01
2014	55	16	0	0.77	0.23	0.00
2015	54	14	3	0.76	0.20	0.04
2016	51	17	3	0.72	0.23	0.04
2017	51	19	1	0.72	0.27	0.01
2018	52	16	3	0.73	0.23	0.04
2019	42	23	6	0.59	0.32	0.09

表 6.3　平均相对误差　　　　　　　　　　　　　　　　　（%）

县（市）	ARE	县（市）	ARE	县（市）	ARE	县（市）	ARE
安国市	0.0624	固安县	0.0724	南皮县	0.0144	蔚县	0.4749
安新县	0.1373	海兴县	0.0949	平泉县	0.0392	文安县	0.2235
霸州市	0.1352	河间市	0.1052	泊头市	0.1201	吴桥县	0.2976
博野县	0.1356	怀安县	0.1839	迁安市	0.2563	献县	0.0955
沧县	0.1838	怀来县	0.1538	迁西县	0.3015	香河县	0.4091
承德县	0.0821	黄骅市	0.3133	青县	0.0920	兴隆县	0.2512
赤城县	0.2637	康保县	0.5223	清苑县	0.0672	雄县	0.1869
崇礼区	0.0769	宽城县	0.2553	曲阳县	0.0983	徐水县	0.2413
大厂县	0.4424	涞水县	0.1188	任丘市	0.1354	盐山县	0.0581
大城县	0.6339	涞源县	0.0512	容城县	0.0841	阳原县	0.1701
定兴县	0.0303	乐亭县	0.3275	三河市	0.0875	易县	0.1314

续表

县（市）	ARE	县（市）	ARE	县（市）	ARE	县（市）	ARE
定州市	0.2680	蠡县	0.2552	尚义县	0.2486	永清县	0.0820
东光县	0.0545	隆化县	0.0732	顺平县	0.0624	玉田县	0.3190
丰宁县	0.1055	滦南县	0.3483	肃宁县	0.0364	张北县	0.0689
阜平县	0.1684	滦平县	0.0957	唐县	0.1001	涿鹿县	0.0600
高碑店市	0.1663	滦县	0.3651	万全县	0.0277	涿州市	0.1248
高阳县	0.0327	满城县	0.1424	望都县	0.1253	遵化市	0.2256
沽源县	0.3340	孟村县	0.1508	围场县	0.1338		

综合分析2012—2019年环京津地区各县多维相对贫困指数估计结果的相对误差和平均相对误差，可见构建的基于校正后的NPP/VIIRS夜间灯光数据的多维相对贫困指数估计模型误差在可以接受的范围内，通过了误差检验。因此，可以使用校正后的NPP/VIIRS夜间灯光数据对县级尺度多维相对贫困指数进行估算。

6.1.3 基于夜间灯光数据的乡镇尺度相对贫困监测

利用构建的基于校正后NPP/VIIRS夜间灯光数据的县级尺度多维相对贫困指数估算模型，可以对环京津地区不同县的多维相对贫困指数进行估算，判断其相对贫困状态。同样，我们可以利用乡镇尺度夜间灯光数据，对不同乡镇的多维相对贫困指数进行估算，及时掌握这些乡镇相对贫困的动态变化。

选择2012—2020年NPP/VIIRS夜间灯光数据，使用ArcGIS按D县的乡镇尺度行政边界进行区域裁切处理，得到2012—2020年D县的夜间灯光数据。

将2012—2020年D县的夜间灯光数据影像进行县级尺度校正后，通过裁切和分区汇总得到2012—2020年D县各乡镇夜间灯光密度值，利用构建的县级尺度多维相对贫困指数估计模型，即可对各乡镇多维相对贫困指数进行估值，结果如表6.4所示。

表6.4 2012—2020年D县11个乡镇多维相对贫困指数估值结果

年份 乡镇名	2012	2013	2014	2015	2016	2017	2018	2019	2020
B乡	0.1961	0.1987	0.1990	0.2010	0.2061	0.2110	0.2115	0.2124	0.2145
Z乡	0.2075	0.2104	0.2107	0.2149	0.2182	0.2238	0.2250	0.2263	0.2290
T镇	0.2104	0.2157	0.2165	0.2217	0.2244	0.2259	0.2278	0.2289	0.2311
Q镇	0.2078	0.2104	0.2111	0.2132	0.2160	0.2186	0.2194	0.2199	0.2207
M园区	0.2144	0.2271	0.2318	0.2452	0.2517	0.2577	0.2578	0.2618	0.2669
S镇	0.2026	0.2087	0.2113	0.2170	0.2223	0.2278	0.2284	0.2295	0.2322
W镇	0.2195	0.2231	0.2242	0.2271	0.2321	0.2331	0.2392	0.2419	0.2424
N镇	0.2028	0.2110	0.2164	0.2201	0.2223	0.2264	0.2279	0.2306	0.2313
L镇	0.2152	0.2218	0.2264	0.2332	0.2382	0.2405	0.2438	0.2447	0.2460
P镇	0.2367	0.2542	0.2803	0.3036	0.3227	0.3293	0.3336	0.3478	0.3512
G镇	0.2040	0.2079	0.2098	0.2138	0.2177	0.2235	0.2258	0.2267	0.2299

从表6.4可以看出，如果我们将每年多维相对贫困指数估计值进行排序，把列后三位的乡镇确定为相对贫困乡镇，2012—2020年相对贫困乡镇的名单相对稳定，个别年份略有变化。2012年，相对贫困乡镇为N镇、S镇和B乡；2013年，相对贫困乡镇为G镇、S镇和B乡；2014年，相对贫困乡镇为Z乡、G镇和B乡；2015—2017年，相对贫困乡镇为G镇、Q镇和B乡；2018—2020年，相对贫困乡镇为Z乡、Q镇和B乡。综合来看，N镇只在2012年处于相对贫困状态，S镇在2012年和2013年处于相对贫困状态，Q镇和B乡长期处于相对贫困状态，G镇和Z乡则长期处于相对贫困状态或相对贫困临界状态。

由于我们可以方便获取NPP/VIIRS夜间灯光数据，能够及时得到环京津地区各县和乡镇的夜间灯光密度值，利用所构建的多维相对贫困指数估算模型，对各县和乡镇多维相对贫困指数进行估值，可以及时监测不同尺度相对贫困状态，实时调整相对贫困协同治理策略。

6.2 不同尺度相对贫困协同治理策略

6.2.1 县级尺度相对贫困协同治理策略

通过对环京津71个县相对贫困影响因素的分析,我们确定了环京津地区相对贫困主要影响因素包括就业水平、经济发展水平、通信基础设施和能力、教育基础和水平、医疗基础设施和服务水平、交通基础设施建设和服务能力等。除此之外,在环京津地区,地形起伏度和年平均气温对相对贫困有显著影响且呈双因子增强影响,同时围绕北京市周边县受第一、第三产业影响较大。综合分析上述因素对各县相对贫困的影响机理以及区域产业发展特点,提出了如下环京津地区县级尺度相对贫困协同治理策略。

1. 推进基本公共服务均等化

按照党的十六届五中全会提出的"公共服务均等化"理念,推进相对贫困县基本公共服务均等化工作。相对贫困县应由政府部门牵头,整合各方资源,在短期内着力解决相对贫困家庭子女入学、生病家庭就医保障等难题;从长期考虑,应逐渐加大对农村基本公共服务建设的支持力度,加强硬件设施建设,提升服务质量。最终全方位解决公共服务分配不均问题。

2. 加强易地搬迁的后续扶持政策

在脱贫攻坚过程中,党和政府对处于生活条件恶劣地区的贫困人口采用了易地搬迁政策。在新时期,仍要注重对搬迁群众的后续扶持工作,避免其返贫和陷入长期相对贫困状态。对易地搬迁人口要从基础设施、公共服务、产业就业、社区融入四个方面加大帮扶力度。加快落实搬迁人口的户籍、医疗保障、社会保障等工作,确保搬迁人口能够享受当地人应有的教育、医疗、保障资源与服务;要因地制宜地发展乡村产业,为搬迁群众提供合适的岗位,并从金融信贷等方面出台政策,鼓励搬迁群众自主创业,为提高易地搬迁群众的生产生活提供便利;积极组织乡村活动,使搬迁群众尽快融入团体,及时了解他们的生活现状并帮助他们解决生活难题,从而使搬迁群众能更快更稳定地融入当地的生活,携手推进乡村振兴建设。

3. 推进可持续性产业扶贫

产业扶贫是解决群众就地就业的长久之计,也是缩小城乡收入差距最直接有效的办法。面向新时期相对贫困问题,结合产业扶贫和可持续发展理论,提出推进可持续性产业扶贫策略:①开展光伏产业扶贫。光伏扶贫有两种形式:一是在空置空间安装光伏发电系统,例如,农村家庭住房的屋顶,二是在荒山、荒坡等荒地建设光伏电站。光伏发电可以保障农村电力供给,节省电费支出,同时若有多余电量,可获取电量收益。另外,政府提供的发电补贴,也可增加光伏产业发展收益。② 持续完善生态补偿机制。生态补偿机制是"绿水青山"与"金山银山"间转化的利益协调机制,将产业扶贫与生态补偿有效对接,一方面可以从政策上引导民众积极发展绿色产业,另一方面可侧重可持续发展的绿色产业的开发投入,提升生态保护区域可持续的"造血"能力。③发展优势特色旅游业。在脱贫攻坚时期,张家口市和保定市大力发展特色旅游业,多个贫困县通过旅游增收摆脱了绝对贫困。在缓解相对贫困的新时期,在脱贫攻坚与乡村振兴有效衔接的新时期,可持续地发展特色旅游业同样关键有效。④ 发展优势特色农业。发展特色农业和种养业,推动农产品加工业。结合相对贫困县的当地发展与资源特色,可集中快速发展获益期短且收益稳定的特色产业,因地制宜地制定产业发展对策,促进特色农业发展。

4. 提高产业扶贫的益贫性

产业扶贫的益贫性是指产业的发展对相对贫困人口的有利程度。相对贫困地区的产业发展使得相对贫困人口获得收益越多,则说明该产业的益贫性越强。要使得产业扶贫具有更强的益贫性,需要政府协同社会组织、家庭等各个主体共同参与,实施利益联结机制或共享机制等更能带给相对贫困人口利益的机制。实践中,各地在充分了解相对贫困户的生计特征,尊重其生计意愿基础上,通过股份制、股份合作制、土地托管、订单帮扶等多种形式,让相对贫困人口分享产业发展的收益。

5. 促进环京津地区区域协同发展

环京津地区要充分利用紧邻北京、天津的地理优势,借助北京、天津的有力帮扶,借鉴新技术进行示范推广,为环京津地区当地群众增收助力。大力发展京津的帮扶机制,在对口帮扶过程中,北京、天津均应积极号召企业投资建厂、捐赠帮扶资金,用于发展村集体经济、帮扶村困难人群。坚持"京津冀协同发展+扶贫"模式,在京津冀协同发展战略背景下,环京津地区各县在京津助力下,立足自身实际,挖掘当地传统的产业优势,同时在产业发展中,通过与京津大型企业对接谋求升级,加速新旧动能转换,加快高新技术产业的发展。

6.2.2 乡镇尺度相对贫困协同治理框架

依 Ansell 和 Gash(2008)[229] 提出的协同治理 SFIC 模型,具体如图 6.3 所示,从外部环境、协同动因、制度设计、催化领导、协同过程、考核监督、协同成果等维度提出乡镇尺度相对贫困协同治理的框架。

外部环境。外部环境主要指政治环境因素。国家政策导向是协同治理背后"看不见的手",对相对贫困治理有重要的指引作用。要求相关乡镇在国家推行的相关政策下,按照相关标准推进相对贫困协同治理工作,开展的工作既要紧跟国家政策,又要灵活应变。

协同动因。协同动因指协同过程中各个参与主体向目标努力的激励条件。作为协同治理中的不同主体,政府、企业、社会组织、公众要在相对贫困治理、预防返贫的议题上保持协同配合。

制度设计。协同治理过程中,科学的制度设计影响着协同治理成果。制度设计中参与主体的开放性、过程的透明性以及清晰的基本原则决定着协同治理过程的合法性、合理性和科学性。在相对贫困协同治理的制度设计中,可以分为两部分,一部分是组织结构设计,另一部分是工作流程设计。

催化领导。催化领导指在协同治理过程中起最关键作用的主体责任人，其保障过程有效协同，是团结参与主体、调解协同过程的必要因素。在乡镇相对贫困治理过程中，主体责任人对每个建档立卡户精准评议负责，对核心任务的完成起关键作用。

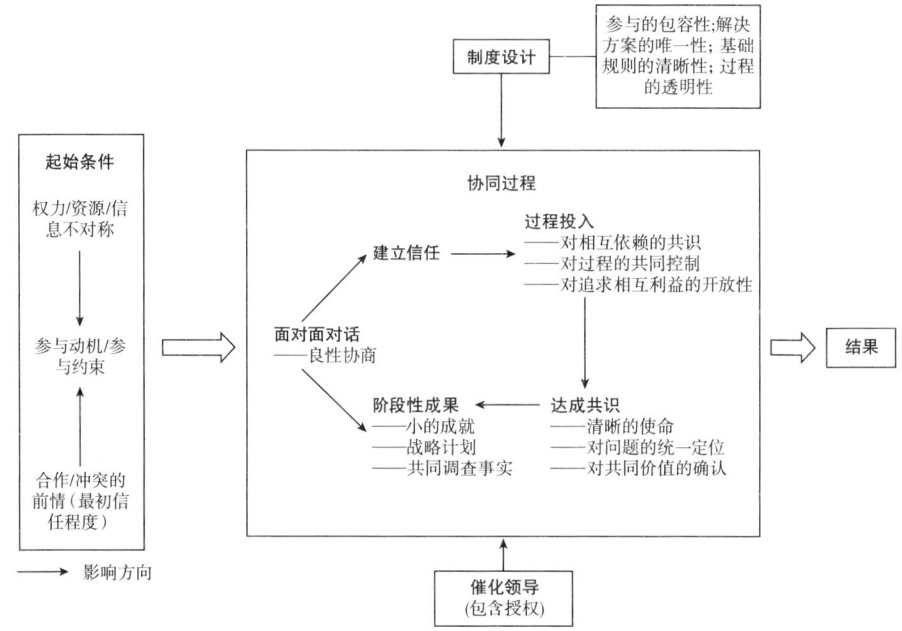

图6.3　乡镇尺度相对贫困协同治理框架

协同过程。协同过程即协同动因、制度设计和催化领导三个因素共同形成的闭环式循环过程，对相对贫困协同治理结果的影响最大。其协同过程分为两个：一个是相对贫困监测中的协同过程，另一个是相对贫困治理—社会保障中的协同过程。

考核监督。重点对建档立卡户进行及时有效的考核监督，预防返贫情况的发生。预防返贫考核监督主要包括：该户年人均纯收入稳定超过国家扶贫标准；吃和穿不愁；义务教育、基本医疗和住房安全有保障等。

协同成果。在相对贫困的协同治理过程中，多元主体经过上述过程的协同推进，取得相应的协同成果。如落实"两不愁　三保障"政策，巩固脱贫成果情况等。

6.2.3 D县Q镇相对贫困协同治理具体策略

在乡镇尺度相对贫困协同治理SFIC模型指导下,以D县Q镇为例,提出了Q镇相对贫困协同治理的具体策略。

1. 外部环境

自2017年开始,D县在国家大力推行脱贫攻坚的政策驱动下,开始进行现行标准下的建档立卡,以精准识别贫困人口,并且在乡镇考核指标中,计入扶贫脱贫工作的评分。在此背景下,Q镇党委政府以习近平总书记的讲话精神为指导,严格按照"两不愁 三保障"(不愁吃、不愁穿,义务教育、基本医疗、住房安全有保障)目标,按照2016年农民人均纯收入2952元的国家农村扶贫标准,对贫困人口进行精准识别,认定贫困户24户73人,并进行建档立卡。通过分析,认为贫困户主要致贫原因为"因病、因残或因学"。明确Q镇新时期扶贫脱贫工作重点是预防返贫以及缓解脱贫户的相对贫困问题。

2. 协同动因

缓解相对贫困的重要任务之一是动态跟踪,预防返贫,保住脱贫攻坚的成果。作为协同治理中的不同主体,政府、企业、社会组织、公众一直在缓解相对贫困、预防返贫的议题上保持协同配合。D县Q镇在预防返贫、缓解相对贫困的协同治理中,根据各方诉求不同,充分协调各方利益,如对于政府部门、基层干部,注重增强其责任意识,强化脱贫保障绩效和政绩考核等,调动大家的积极性和主动性;对于企业和社会组织,注重其增加品牌知名度、获取政策补贴与资金支持等的诉求,实现合作共赢;对于建档立卡户,盯紧其预防返贫、追求美好生活的愿望,争取政策支持以及政府和各行政部门扶持,调动大家的积极性和主动性。

3. 制度设计

为加强领导,缓解相对贫困,Q镇重塑组织结构,组成了面向预防返贫以及缓解相对贫困的工作组,镇党委书记、镇长为组长,帮扶责任人、包村干部、村街党支部书记为小组成员。小组主要负责相对贫困政策和措施的落实。

Q镇相对贫困监测过程设计多个参与主体共同进行、相互监督，以保证过程的公正、公开。在日常排查工作中，落实镇主体责任制度：乡镇每月至少召开一次党政班子会研究扶贫工作，并进行会议记录。镇党委书记每半年1次遍访建档立卡户，要做到有记录、有照片、有解决问题、有遍访总结的台账。意外排查工作中，针对河北省医疗保障局统计出的农户生大病自费情况进行核实，并根据情况如实上报。

在协同治理工作流程设计中，Q镇依照政策确立了对建档立卡户的重点监管标准：对建档立卡户中年人均收入低于监管标准的纳入重点监管，防止返贫。除此之外，Q镇依据建档立卡户享受"四不脱"政策，即脱贫不脱政策、脱贫不脱帮扶、脱贫不脱监管、脱贫不脱责任，按照"两不愁 三保障"中的要求，在县委、县政府的号召下，政府部门、企业、社会团体分别为建档立卡户提供产业、就业、金融等方面的扶助，为他们的生存条件等提供保障措施。产业扶助、就业扶助也是为了进一步缓解建档立卡户的相对贫困问题，将"输血"改为"造血"。具体帮扶措施如表6.5所示。

表6.5 Q镇对建档立卡户的具体帮扶措施

扶助项目	扶助措施	具体准则
产业扶助	土地流转	政府财政为每亩承包费200元以上的建档立卡户承包方，发放奖补资金每亩100元
	股金分红	申报产业项目库，与企业或合作社签订协议，享受股金分红收益
就业扶助	职业介绍、技能培训	人社局提供免费的职业介绍、免费的技能培训、创业服务、初次创业补贴，鼓励贫困家庭高校毕业生就业创业
	公共服务	与村街签订公共服务岗位协议，为弱劳动能力建档立卡户提供公共服务岗位
金融扶助	小额贷款扶贫政策	5万元以下、3年期以内、免担保免抵押、基准利率放贷、财政贴息、县建风险补偿金。贷款用途：用于发展生产。借款人年龄原则上应在18周岁（含）至65周岁（含）之间

4. 催化领导

在 Q 镇的相对贫困治理过程中,确定帮扶责任人对每个建档立卡户的精准评议负责,起到最关键的作用。

(1) 帮扶责任人的人员配置。帮扶责任人包括第一帮扶责任人和第二帮扶责任人。第一帮扶责任人是县级机关事业单位或国有企业党员干部,全面负责结对帮扶,实现"一帮一",即每位党员干部帮扶一个建档立卡户。第二帮扶责任人是镇级党员干部、村党员干部或"两代表一委员"(党代表、人大代表、政协委员),其职责为联系第一帮扶责任人,同时联系建档立卡户,主要起监督和配合作用。第二帮扶责任人可以"一帮多",但是最多不超过 5 户。

(2) 帮扶责任人要严格落实中央八项规定精神和各级党风廉政建设要求,做到廉洁自律,自觉接受督导检查和群众监督。第一和第二帮扶责任人的主要职责如下:

第一帮扶责任人的主要职责:①宣传普及政策。向建档立卡户宣传和讲解各项扶贫惠民政策,使这些政策家喻户晓。②积极参与动态调整工作。确保群众的知情权,向建档立卡户传达清楚建档立卡工作的目的和要求、贫困的识别与退出的标准和程序。及时了解帮扶对象家庭情况和变动情况,例如,家庭成员、健康状况、致贫原因、收入来源、脱贫状态、诉求愿望等,做好信息采集,为动态调整工作提供便利。③落实帮扶措施。为建档立卡户制定具体帮扶计划和帮扶清单,落实帮扶政策,包括协调生活困难、有针对性地寻找增收途径以拓宽增收渠道等。④思想影响。为建档立卡户树立自力更生、勤劳致富观念,增强脱贫致富信心和决心。鼓励有劳动能力的人员参加技能培训,掌握增收脱贫一技之长,积极参加"扶贫公益专岗"等实现就业增收,提高其自我发展能力。

第二帮扶责任人的主要职责:①监督第一帮扶责任人责任落实。通过定期走访,向建档立卡户和所在村干部群众了解第一责任人到位情况、帮扶责任落实情况,每季度末向所在村、镇扶贫机构报告第一帮扶责任人帮扶责任落实情况。及时将所了解的建档立卡户情况信息通报第一责任人，加强沟通联系。②协助配合第一帮扶责任人做好相关帮扶工作。包括协助配合做好政策宣传普及工作，使每一个建档立卡户对扶贫惠民政策都透彻了解；协助配合做好建档立卡户年度信息采集、收入核算等扶贫对象动态调整工作；协助配合做好帮扶责任落实工作。

5. 协同过程

协同过程即协同动因、制度设计和催化领导三个因素共同形成的闭合式循环过程，是相对贫困协同治理过程的核心，对最终协同结果的影响最大。Q 镇的相对贫困治理过程如下：

(1) 监测协同。

在 Q 镇相对贫困的监测治理中，催化出两个过程，分别为"自上而下"和"自下而上"。"自上而下"过程为：河北省医疗保障局每个月会向 D 县工作组推送农户生大病的自费情况（普通农户自费超过 2 万元，建档立卡户自费超过 5000 元），D 县工作组要对具体情况进行核实，以免出现大病返贫情况，县级工作组会分到乡镇工作组，乡镇工作组分到村，最后由村中帮扶责任人对相应农户的大病自费情况进行核实，对其生活的具体情况按照"贫困户的识别标准"进行考核，判断是否具有返贫风险。如果具有返贫风险，则按"贫困户的识别流程"进行上报，上报后按政策扶助脱贫。

"自下而上"过程：各村帮扶责任人会对重点人群（建档立卡户、低保户、特困户、贫困残疾人及其他低收入群体）进行重点监测，判断他们是否有致贫、返贫风险，若出现致贫、返贫风险，则逐层上报，递交相关材料至县评议。乡镇每月至少召开一次党政班子会研究扶贫工作，镇党委书记每半年 1 次遍访建档立卡户。在 Q 镇相对贫困的协同治理过程中，面向预防返贫以及缓解相对贫困的工作组成员各司其职，协同合作，巩固脱贫成效，保障脱贫成果。

(2) 保障协同。

在县委、县政府的号召下，D 县协同企业、社会团体分别为建档立卡户提供产业、教育、医疗等方面的扶助，为他们的生存条件、教育、医疗等提供保障措施。其中，产业扶助包括土地流转和股金分红。在产业股金分红项目中，Q镇政府组织所有建档立卡家庭申报产业项目库，通过给予中小企业、社会组织政策补贴的措施，使得企业、社会组织加入扶贫项目中，与建档立卡家庭签订协议，享受股金分红收益；在就业扶助项目中，D县政府协同人力资源社会保障局，为建档立卡家庭中的劳动力提供免费的职业介绍、技能培训、创业服务。协同乡村街道办事处，为弱劳动能力贫困人员提供公共服务岗位；在金融扶助项目中，政府协同农村合作社等金融服务部门，提供金融扶助，即小额贷款政策。贷款采取建档立卡户申请—村金融服务站受理—镇金融服务部初审—县金融服务中心出具评审结果—推荐给农村合作社的流程进行，贷款用于发展生产，且遵循"5万元以下、3年期以内、免担保免抵押、基准利率放贷、财政贴息、县建风险补偿金"的要点进行。

在相对贫困监测和治理社会保障过程中，充分体现了"政府—职能部门/企业—社会组织—民众多主体"的协同合作，共同进行相对贫困治理的理念。

6. 考核监督

Q镇对建档立卡户进行及时有效的考核监督，预防返贫情况的发生。从户年人均纯收入稳定超过国家扶贫标准，吃穿不愁，义务教育、基本医疗和住房安全有保障等方面进行衡量，具体按以下六项指标进行考核：

（1）人均纯收入稳定超过国家扶贫标准（2020年退出人均纯收入标准为4000元/年，计算周期为2019年10月1日至2020年9月30日）（2018年的标准为3200元，2019年的标准为3600元）；

（2）有明确的脱贫路径和具体的帮扶措施；

（3）实现安全饮水；

（4）实现住房安全；

（5）义务教育阶段无辍学学生；

（6）参加城乡居民基本医疗保险。

7. 协同成果

在相对贫困的协同治理过程中，多元主体经过上述过程的协同推进，取得相应的协同成果。Q镇按照相对贫困治理SFIC模型，通过精准识别认定建档立卡贫困户24户73人，在县委、县政府的坚强领导和大力支持下，镇党委政府精准施策，多措并举，强化落实，贫困户已全线脱贫。在缓解相对贫困新时期，坚决落实防止返贫动态监测和缓解相对贫困的帮扶政策，全面推进乡村振兴工作部署，工作取得了显著成效。Q镇通过产业帮扶、就业帮扶、金融帮扶等多种帮扶措施，实现稳定增收，使建档立卡户实现稳定的"造血"能力。

（1）在生活方面：实现了住房有保障。多渠道筹措资金50余万元，翻盖房屋9处，修缮8处，租赁1处，涉及18处房屋质量均已通过相关部门验收检测合格，保障了住房安全。重点排查建档立卡户家庭饮水安全问题，精准掌握饮用水现状，建立饮用水安全工作台账，制定饮水安全应急预案，保证建档立卡户饮水安全。

（2）在教育方面：解决了上学难问题，实现了教育有保障。通过社会爱心捐助，Q镇24户建档立卡户中28名学生全部实现在校教育。其中义务教育17人，高中2人，中职及以上9人，对于有困难的学生均已落实教育帮扶减免政策。

（3）在医疗方面：解决了看病难问题，实现了医疗有保障。Q镇大力推进基本医疗保险、大病保险、医疗救助和补充保险"四重保障"。

（4）在社会保障方面：全面落实了贫困群众参加城乡居民基本医疗保险个人缴费财政全额资助，实现基本医疗保险全覆盖，同时，为符合特殊门诊疾病的贫困人员全部办理了特殊门诊。

6.3 小结

（1）利用校正的2012—2020年NPP/VIIRS夜间灯光数据，采用个体—时间双固定面板回归模型，建立了环京津地区县级尺度多维相对贫困指数估计模型，模型的组间R^2为0.6578，证明模型整体估计良好，RE和

ARE 的精度检验结果表明多维相对贫困指数估计模型通过了误差检验。

（2）选择环京津地区的 D 县为例，依照多维相对贫困指数估计模型的回归系数，借助 ArcGIS 软件中的栅格计算器，对 D 县的夜间灯光数据进行县级尺度校正，并对校正后的 D 县的夜间灯光数据进行乡镇尺度的裁切，得到 D 县 11 个乡镇的多维相对贫困指标的估计值，实现乡镇尺度相对贫困监测，发现其下辖 Q 镇、B 乡长期处于相对贫困状态。

（3）从推进基本公共服务均等化、加强易地搬迁的后续扶持政策、推进可持续性产业扶贫、提高产业扶贫的益贫性和促进环京津地区区域协同发展等方面提出了环京津地区县级尺度相对贫困协同治理策略。

（4）基于 SFIC 模型，提出了乡镇尺度相对贫困协同治理框架，并以 D 县 Q 镇为例，给出了该镇相对贫困协同治理的具体策略。

7 结论与展望

7.1 研究结论

本书在国内外相关研究基础上,以河北省环京津地区71个县为研究对象,构建了多维相对贫困指数计算模型,对2012—2019年环京津地区71个县的多维相对贫困指数进行了计算,实现了对相对贫困县的识别;采用探索性空间数据分析方法,对环京津地区县级尺度相对贫困时空特征进行了分析;采用指标贡献度分析方法、地理探测器和GTWR模型对环京津地区县级尺度相对贫困影响因素进行了分析;最后对环京津地区县级和乡镇尺度相对贫困的监测和协同治理策略进行了研究。研究主要结论如下:

(1) 基于相对贫困和多维贫困的概念,对相对贫困的内涵进行了界定,认为相对贫困并不意味着缺乏维持生命最基本的需要,而是指个人或家庭所拥有的资源,虽然可以满足其基本的生活需要,但是不足以使其达到社会公认且相对理想的生活水平。相对贫困具有多维性、长期性、比较性和主观性等特点。从经济发展、生活质量、义务教育、基本医疗和社会保障五个维度构建了多维相对贫困测度指标体系,采用AHP和熵权法相结合的赋权方法,确定了不同维度和指标的权重,在此基础上,构建了多维相对贫困指数计算模型。

(2) 利用构建的多维相对贫困指数计算模型,对2012—2019年环京津地区71个县的多维相对贫困指数进行了计算。以每个维度中位数的

60%为相对贫困判别标准,对2012—2019年71个县的相对贫困进行了识别和分类。对比2012年和2019年多维相对贫困指数的涨幅情况,发现大部分县的相对贫困都呈缓解态势,即区域间的发展差异呈不断缩小趋势。对2012—2019年的相对贫困县的数量以及相对贫困发生率进行统计分析,发现2012—2019年,相对贫困县的个数最多为2013年的29个,其相对贫困发生率为40.85%,最少为2016年的18个,其相对贫困发生率为25.35%。观察不同类型相对贫困县的数量,发现轻度相对贫困是环京津地区相对贫困县的主要表现类型,重度相对贫困县数量最少。

(3)利用ArcGIS软件工具,分析了环京津地区县级尺度相对贫困的时空演变规律。结果表明:2012—2015年相对贫困县主要集中在张家口市、承德市西部和保定市的东部和西部;2016—2019年相对贫困县主要集中在张家口市以及保定市西部。进一步分析发现:在2012—2019年,中度、重度相对贫困县主要集中在张家口市,且与北京接壤的赤城县、崇礼区、沽源县等长期处于重度相对贫困状态。

(4)将通过识别确定的2012—2019年相对贫困县名单与环京津地区国家和省级贫困县名单进行对比发现:在2012—2019年识别出的相对贫困县中,超过50%的相对贫困县与环京津地区中的国家和省级贫困县重合。2012年和2013年的重合率最高为70.83%,2018年的重合率最低为50%。除此之外,由于相对贫困是基于多维度标准进行识别,与仅采用收入标准确定的贫困县相比存在一定差异。

(5)环京津地区县级尺度相对贫困全局相关性分析结果表明:环京津地区相对贫困县存在显著的全局相关性并呈现空间集聚特征。局部相关性分析结果显示:环京津地区相对贫困县呈现"高—高"和"低—低"两种集聚形态,其中,"高—高"集中在廊坊市和唐山市,"低—低"集中在张家口市和保定市。

(6)采用指标贡献度分析了环京津地区县级尺度相对贫困影响因素,发现2012—2019年环京津地区相对贫困主要影响因素为就业率、农村居民人均可支配收入、移动电话用户率、师资教育水平、受教育程度、卫生机构床位数、基本医疗保险参保率和基本养老保险参保率。大厂回族自治县、孟村回族自治县还包含路网密度。自 2019 年起，基本医疗保险参保率、基本养老保险参保率不再是主要影响因素。

（7）采用地理探测器分析了环境—地形因素对环京津地区县级尺度相对贫困的影响，结果表明：地形起伏度和年平均气温对相对贫困有显著的影响，且对相对贫困的解释力 q 值较大，分别为 0.2910 和 0.2220。交互探测器结果显示任何两个影响因子交互作用后的因子影响力都展现为双线性或非线性强化，即环京津地区县级尺度相对贫困的高低及空间分布受环境—地形因素共同影响。

（8）采用基于全息映射的面板时空地理加权回归模型分析了产业发展对环京津地区县级尺度相对贫困的影响，经过模型的参数对比，发现时间带宽为 8，空间带宽为 71 的 GTWR 模型更优。利用该模型深入分析了产业发展对相对贫困的影响，发现不同相对贫困县不同年份不同产业对相对贫困的影响不同。如在 2019 年，第一产业、第二产业和第三产业对各县相对贫困均呈现正向影响，其中对相对贫困影响最大的是第三产业，其次为第一产业和第二产业，但不同相对贫困县产业发展对相对贫困的影响程度各不相同。

（9）将 2012—2019 年环京津地区 71 个县的多维相对贫困指数与 NPP/VIIRS 夜间灯光数据分别作为因变量和自变量建立面板回归模型，用来对多维相对贫困指数进行估算。通过豪斯曼检验，确定个体—时间双固定效应模型拟合良好，其 R^2 为 0.6198，且通过误差检验，证明使用夜间灯光数据可以用来进行县级和乡镇尺度相对贫困的监测。

（10）结合分析县级尺度相对贫困的影响因素，从推进基本公共服务均等化、加强易地搬迁的后续扶持政策、推进可持续性产业扶贫、提高产业扶贫的益贫性以及促进环京津地区区域协同发展等方面提出了环京津地区县级尺度相对贫困的治理策略；基于 SFIC 模型，从外部环境、协同动因、制度设计、催化领导、协同过程、考核监督、协同成果等维度提出乡镇尺度相对贫困协同治理的框架，并结合具体乡镇，进行了应用。

7.2 主要创新点

（1）在界定相对贫困内涵基础上，综合考虑我国国情和现有研究成果，从经济发展、生活质量、义务教育、基本医疗和社会保障五个维度构建了多维相对贫困测度指标体系；采用 AHP 和熵权法相结合的赋权方法，确定了不同维度和指标的权重，构建了县级尺度多维相对贫困指数计算模型，并对 2012—2019 年环京津地区 71 个县多维相对贫困指数进行计算；以每个维度中位数的 60% 为相对贫困判别标准，对 2012—2019 年 71 个县的相对贫困进行识别和分类；采用全局自相关和局部自相关分析方法，探究了环京津地区县级尺度相对贫困的空间关联性。

（2）采用指标贡献度分析方法，对 2012—2019 年环京津地区相对贫困县的多维相对贫困指数进行指标分解，分析 2012—2019 年环京津地区县级尺度相对贫困的影响因素，确定了县级尺度相对贫困的关键影响因素；采用地理探测器分析了环京津地区环境—地形因素与县级尺度相对贫困的关系，揭示了地形起伏度和年平均气温对相对贫困的影响；考虑时空带宽的共同影响，采用基于全息映射的面板时空地理加权回归模型分析了环京津地区产业发展对县级尺度相对贫困的影响，厘清了不同产业对相对贫困的影响程度。

（3）基于校正后的 2012—2020 年 NPP/VIIRS 夜间灯光数据，构建了环京津地区多维相对贫困指数估计模型，通过误差检验，证明了其可以利用县级和乡镇行政边界区域的夜间灯光数据对县级和乡镇尺度多维相对贫困指数进行估算，为不同尺度相对贫困的动态监测提供了可行的工具；综合环京津地区县级尺度相对贫困主要影响因素以及地形—环境和产业发展对相对贫困的影响，提出了环京津地区县级尺度相对贫困的治理策略；基于 SFIC 模型，提出了乡镇尺度相对贫困协同治理框架。

7.3 政策启示

（1）新时期我国缓解相对贫困的重要任务是预防返贫，夜间灯光数据可以为县级和乡镇尺度相对贫困监测提供支持，利用构建的基于夜间灯光数据的多维相对贫困指数估算模型对县级和乡镇尺度相对贫困进行动态监测，可以为预防规模性返贫提供辅助工具，为制定精细化相对贫困治理策略提供支撑。

（2）新时期要缓解相对贫困，需要继续坚持脱贫不脱政策、脱贫不脱责任、脱贫不脱帮扶、脱贫不脱监管，切实做到工作不断档、精神不懈怠、标准不降低，有效巩固拓展脱贫成果，建立防止返贫常态长效机制，加强动态监测预警，确保已脱贫人口不返贫。通过建立缓解相对贫困长效治理机制，提高已脱贫人口可持续发展能力。

（3）相对贫困治理是复杂的系统工程，在实践过程中需要全国各地区、各部门的共同协作与治理。既要加强以党政部门为领导的各公共部门之间的内部合作，又要提升外部社会力量的协作能力，积极构建基层党组织、基层政府、企业、社会组织和群众等多元主体参与的协同治理模式。

（4）实现相对贫困治理和乡村振兴战略无缝对接，政府—企业—社会组织要协同发力，充分发挥民众的主体作用。坚持发展可持续性产业扶贫，提供续航"造血"能力。坚持对村民的思想激励，帮助他们树立信心，增强村民的主动参与能力。大力培养具有专业农业知识的新型职业农民，为当地农民提供就业机会，促进区域发展，缓解相对贫困，实现乡村振兴。

参考文献

[1] Elvidge C D, Sutton P C, Ghosh T, et al. A global poverty map derived from satellite data[J]. Computes & Geosciences, 2009, 35(8): 1652 – 1660.

[2] 罗庆,李小建. 国外农村贫困地理研究进展[J]. 经济地理, 2014, 34(6):1 – 7.

[3] Yu B, Shi K F, Hu Y J, et al. Poverty evaluation using NPP – VIIRS Nighttime Light Composite Data at the county level in China[J]. IEEE Journal of Selected Topics in Applied Earth Observations and Remote Sensing, 2015, 8(3): 1217 – 1229.

[4] 国家统计局. 扶贫开发持续强力推进脱贫攻坚取得历史性重大成就——新中国成立70周年经济社会发展成就系列报告之十五[EB/OL]. 2019. 08. 12. http://www.stats.gov.cn/tjsj/zxfb/201908/t20190812_1690526.html.

[5] 汪三贵,刘明月. 从绝对贫困到相对贫困:理论关系、战略转变与政策重点[J]. 华南师范大学学报(社会科学版), 2020(6): 18 – 29 + 189.

[6] Lakner C, Mahler D G, Negre M, et al. How much does reducing inequality matter for global poverty? [J/OL]. The Journal of Economic Inequality. 2022. 03. 02. https://doi.org/10.1007/s10888 – 021 – 09510 – w.

[7] 习近平:在决战决胜脱贫攻坚座谈会上的讲话[EB/OL]. 2020. 03. 06. https://www.ccps.gov.cn/xxsxk/zyls/202003/t20200306_138549.shtml.

[8] 习近平:决胜全面建成小康社会,夺取新时代中国特色社会主义伟大胜

利——在中国共产党第十九次全国代表大会上的报告[EB/OL]. 2017.10.27. http://www.gov.cn/zhuanti/2017-10/27/content_5234876.htm.

[9]中国共产党第十九届中央委员会第四次全体会议公报[EB/OL]. 2019.10.31. https://www.12371.cn/2019/10/31/ARTI1572515554956816.shtml.

[10] Chen Sh H, Ravallion M. Reconciling the conflicting narratives on poverty in China[J]. Journal of Development Economics, 2021(153): 102711.

[11] Guo J P, Qu S, Zhu T H. Estimating China's relative and multidimensional Poverty: Evidence from micro-level data of 6145 rural households [J]. World Development Perspectives, 2022(26): 100402.

[12] Wang Ch Ch, Zeng B X, Luo D Sh, et al. Measurements and determinants of multidimensional poverty: Evidence from mountainous areas of southeast China[J]. Journal of Social Service Research, 2021, 47(5): 743-761.

[13]习近平在解决"两不愁 三保障"突出问题座谈会上的讲话[EB/OL]. 2019.08.15. http://www.gov.cn/xinwen/2019-08/15/content_5421432.htm.

[14]汪三贵,孙俊娜. 全面建成小康社会后中国的相对贫困标准、测量与瞄准——基于2018年中国住户调查数据的分析[J]. 中国农村经济, 2021(3): 2-23.

[15]赵弘,何芬,李真. 环京津贫困带减贫策略研究——基于"可持续生计框架"的分析[J]. 北京社会科学, 2015(9): 21-28.

[16]陶金源,张孟楠,徐磊,等. 基于GIS的环京津贫困带乡村聚落时空分异及影响因素分析[J]. 水土保持研究, 2020, 27(6): 300-307.

[17]胡艳兴. 基于夜间灯光数据的中国贫困空间识别研究[D]. 兰州:西北师范大学, 2016.

[18] Laderchi C R. The monetary approach to poverty: A survey of concepts and methods [DB/OL]. Queen Elizabeth House, 2000. http://citeseerx.ist.psu.edu/view doc/download?doi=10.1.1.195.2917&rep=rep1&type=pdf.

[19] Booth C. The Inhabitants of Tower Hamlets (School Board Division),

Their Condition and Occupations[J]. Journal of the Royal Statistical Society,1887,50(2):326-401.

[20]Rowntree S. Poverty:A Study of a Town Life[M]. London:Macmillan,1901.

[21]Townsend P. Poverty in the United Kingdom[M]. London:Allen Lane and Penguin Books,1979.

[22]Wagle U. Multidimensional Poverty Measurement with Economic Well-being, Capability, and Social Inclusion:A Case from Kathmandu, Nepal[J]. Journal of Human Development,2005,6(3):301-328.

[23]国家统计局农调总队. 中国农村贫困标准研究——课题组的研究报告[J]. 统计研究,1990(6):37-42.

[24]杨国涛,周慧洁,李芸霞. 贫困概念的内涵、演进与发展述评[J]. 宁夏大学学报(人文社会科学版),2012,34(6):139-143.

[25]张青. 相对贫困标准及相对贫困人口比率[J]. 统计与决策,2012(6):87-88.

[26]汪三贵. 当代中国扶贫[M]. 北京:中国人民大学出版社,2019:4.

[27]左停,苏武峥. 乡村振兴背景下中国相对贫困治理的战略指向与政策选择[J]. 新疆师范大学学报(哲学社会科学),2020(4):1-9.

[28]乌德亚·瓦格尔. 贫困再思考:定义和衡量[J]. 刘亚秋,译. 国际社会科学杂志,2019,36(3):10.

[29]Fuchs V. Redefining poverty and redistributing income[J]. The Public Interest,1967,14(8):88.

[30]Townsend P. Poverty in the United Kingdom:A survey of household resources and standards of living[M]. University of California Press,1979.

[31]Sen A. Development as freedom. Development in practice[J]. Oxford University Press,2000,10(2):258.

[32]World Bank. World Development Report[M]. Chinese financial and

Economic Publishing House,1980.

[33]李强.绝对贫困与相对贫困[J].中国社会工作,1996(5):18-19.

[34]冯素杰,陈朔.论经济高速增长中的相对贫困[J].现代财经(天津财经大学学报),2006(1):78-81.

[35]李永友,沈坤荣.财政支出结构、相对贫困与经济增长[J].管理世界,2007(11):14-26+171.

[36]秦建军,戎爱萍.财政支出结构对农村相对贫困的影响分析[J].经济问题,2012(11):95-98.

[37]杨舸.流动人口与城市相对贫困:现状、风险与政策[J].经济与管理评论,2017,33(1):13-22.

[38]邢成举,李小云.相对贫困与新时代贫困治理机制的构建[J].改革,2019(12):16-25.

[39]罗必良.相对贫困治理:性质、策略与长效机制[J].求索,2020(6):18-27.

[40]袁涛.DMSP/OLS数据支持的贫困地区测度方法研究[D].北京:中国地质大学,2013.

[41]林万龙,陈蔡春子.从满足基本生活需求视角看新时期我国农村扶贫标准[J].西北师大学报(社会科学版),2020,57(2):122-129.

[42]王小林,冯贺霞.2020年后中国多维相对贫困标准:国际经验与政策取向[J].中国农村经济,2020(3):2-21.

[43]孙久文,张倩.2020年后我国相对贫困标准:经验、实践与理论构建[J].新疆师范大学学报(哲学社会科学版),2021,42(4):79-91+2.

[44]郭之天,陆汉文.相对贫困的界定:国际经验与启示[J].南京农业大学学报(社会科学版),2020,20(4):100-111.

[45]陈宗胜,黄云,周云波.多维贫困理论及测度方法在中国的应用研究与治理实践[J].国外社会科学,2020(6):15-34.

[46]叶兴庆,殷浩栋.从消除绝对贫困到缓解相对贫困:中国减贫历程

与2020年后的减贫战略[J].改革,2019(12):5-15.

[47]孙久文,夏添.中国扶贫战略与2020年后相对贫困线划定——基于理论、政策和数据的分析[J].中国农村经济,2019(10):98-113.

[48]沈扬扬,李实.如何确定相对贫困标准？——兼论"城乡统筹"相对贫困的可行方案[J].华南师范大学学报(社会科学版),2020(2):91-101+191.

[49]周力.相对贫困标准划定的国际经验与启示[J].人民论坛·学术前沿,2020(14):70-79.

[50]魏后凯.2020年后中国减贫的新战略[J].中州学刊,2018(9):36-42.

[51]檀学文.走向共同富裕的解决相对贫困思路研究[J].中国农村经济,2020(6):21-36.

[52]向德平,向凯.多元与发展:相对贫困的内涵及治理[J].华中科技大学学报(社会科学版),2020,34(2):31-38.

[53]马秋华,牛胜强,张倩.决胜全面小康背景下关于我国贫困标准的思考——基于多种贫困标准的比较分析[J].西华大学学报(哲学社会科学版),2018,37(5):85-93.

[54]焦克源,陈国斌,方圆.多维贫困视角下精准扶贫的成就与展望——基于中国家庭追踪调查数据的实证[J].青海民族研究,2020,31(4):44-53.

[55]Foster J, Greer J, Thorbecke E. A class of decomposable poverty measures[J]. Journal of Econometrics, 1984(52):761-765.

[56]陈辉.一维到多维贫困测度比较研究——基于粤北山区的调查数据[J].特区经济,2015(1):65-68.

[57]Sen A. Poverty and famines: An essay on entitlement and deprivation[M]. Oxford: Oxford University Press, 1982.

[58]UNDP. Human development report[M]. Oxford: Oxford University Press, 1997.

[59]Langlois A, Kitchen P. Identifying and measuring dimensions of urban deprivation in montreal: An analysis of the 1996 Census Data[J]. Urban Studies, 2001, 38(1): 119-139.

[60]Alkire S, Foster J. Counting and multidimensional poverty measurement[J]. Journal of Public Economics, 2011, 95(7-8): 476-487.

[61] UNDP. Human development report [EB/OL]. http://hdr.undp.org, 2011.

[62] Alkire S, Santos M E. Measuring acute poverty in the developing world: Robustness and scope of the multidimensional poverty index[J]. World Development, 2014(59): 251-274.

[63]Santos M E, Villatoro P. A multidimensional poverty index for Latin America[J]. Review of Income and Wealth, 2018, 64(1): 52-82.

[64]Pinilla-Roncancio M, Alkire S. How Poor Are People With Disabilities? Evidence Based on the Global Multidimensional Poverty Index[J]. Journal of Disability Policy Studies, 2021, 31(4): 206-216.

[65]尚卫平,姚智谋. 多维贫困测度方法研究[J]. 财经研究, 2005, 31(12): 88-94.

[66]王小林, Alkire S. 中国多维贫困测量:估计和政策含义[J]. 中国农村经济, 2009(12): 4-10+23.

[67]程威特,吴海涛,江帆. 城乡居民家庭多维相对贫困的测度与分解[J]. 统计与决策, 2021, 37(8): 68-72.

[68]张全红,张建华. 中国农村贫困变动:1981—2005——基于不同贫困线标准和指数的对比分析[J]. 统计研究, 2010, 27(2): 28-35.

[69]段若琳,麦强盛,裴凤娟,等. 时空视野下中国多维贫困动态测算[J]. 西南林业大学学报(社会科学), 2019, 3(4): 23-30.

[70]陈琦. 连片特困地区农村贫困的多维测量及政策意涵——以武夷山片区为例[J]. 四川师范大学学报(社会科学版), 2012(3): 58-63.

[71]郭建宇,吴国宝. 基于不同指标及权重选择的多维贫困测量——

以山西省贫困县为例[J]. 中国农村经济, 2012(2): 12-20.

[72]洪波, 李文静, 张俊飚. 长江经济带多维减贫效率测算与时空演化分析[J/OL]. 中国农业资源与区划: 1-15[2021-11-18]. http://kns.cnki.net/kcms/detail/11.3513.S.20210608.0849.010.html.

[73]刘愿理, 廖和平, 李靖, 等. 后2020时期农户相对贫困测度及机理分析——以重庆市长寿区为例[J]. 地理科学进展, 2020, 39(6): 960-971.

[74]施琳娜, 文琦. 相对贫困视角下的精准扶贫多维减贫效应研究——以宁夏彭阳县为例[J]. 地理研究, 2020, 39(5): 1139-1151.

[75]潘竟虎, 胡艳兴. 基于夜间灯光数据的中国多维贫困空间识别[J]. 经济地理, 2016, 36(11): 124-131.

[76]叶文丽, 王银, 闵典, 等. 生态脆弱区农户生计恢复力与多维贫困脱钩关系时空演变规律——以陕西省佳县为例[J]. 干旱区资源与环境, 2021, 35(10): 7-15.

[77]徐黎丹, 邓祥征, 姜群鸥, 等. 中国县域多维贫困与相对贫困识别及扶贫路径研究[J]. 地理学报, 2021, 76(6): 1455-1470.

[78]阮欧, 刘绥华, 陈芳, 等. 贵州省县域农村贫困度时空变化分析[J/OL]. 中国农业资源与区划: 1-13[2022-03-27]. http://kns.cnki.net/kcms/detail/11.3513.s.20210609.0855.004.html.

[79]徐春华, 龚维进. 多维资本外部性与贫困县经济增长——来自县域贫困区的空间计量分析[J]. 武汉大学学报(哲学社会科学版), 2021, 74(4): 81-95.

[80]Shen Y Y. Poverty Alleviation Process in Rural China. Rural Poverty [J]. Growth, and Inequality in China, 2022, 10(1): 1-23.

[81]Zhang F F, Liu H, Gu W N. Multidimensional poverty and types of impoverished counties in Gansu province of China[J]. Economic and Political Studies, 2022, 10(1): 105-125.

[82]俞立平, 郑昆. 期刊评价中不同客观赋权法权重比较及其思考

[J].现代情报,2021,41(12):121-130.

[83]朱建军.层次分析法的若干问题研究及应用[D].沈阳:东北大学,2005.

[84]姜昱汐,迟国泰,严丽俊.基于最大熵原理的线性组合赋权方法[J].运筹与管理,2011,20(1):53-59.

[85]杨慧敏,罗庆,李小建.河南省县域贫困程度及影响因素分析[J].人文地理,2017,32(5):48-55.

[86]王艳慧,钱乐毅,段福洲.县级多维贫困度量及其空间分布格局研究——以连片特困区扶贫重点县为例[J].地理科学,2013,33(12):1489-1497.

[87]平卫英,占成意,罗良清.中国城市居民家庭相对贫困测度研究[J].统计与信息论坛,2021,36(8):84-94.

[88]周慧,阳恩红.基于不同指标及权重的多维贫困测量与实证[J].统计与决策,2020,36(7):52-56.

[89]祝志川,薛冬娴,孙丛婷.基于AHP改进AF法的多维相对贫困测度与分解[J].统计与决策,2021,37(16):10-14.

[90]陈烨烽,王艳慧,王小林.中国贫困村测度与空间分布特征分析[J].地理研究,2016,35(12):2298-2308.

[91]刘欣,秦彦杰,冯晓淼,等.河北山区县域贫困—富裕度及可持续生计策略[J].科技导报,2020,38(13):73-82.

[92]张吉军.模糊一致判断矩阵3种排序方法的比较研究[J].系统工程与电子技术,2003(11):1370-1372.

[93]Dayal E. Rural poverty in India: A regional analysis[J]. Journal of Rural Studies, 1989, 5(1): 87-98.

[94]Minot N, Baulch B. Spatial patterns of poverty in Vietnam and their implications for policy[J]. Food Policy, 2005, 30(5): 461-475.

[95]Park A, Wang S, Wu G. Regional poverty targeting in China[J]. Journal of Public Economics, 2002, 86(1): 123-153.

[96]王丽华.贫困人口分布、构成变化视阈下的农村扶贫政策探析——以湘西八个贫困县为例[J].中国人力资源开发,2011(2):78-81.

[97]王丽华.贫困人口分布、构成变化视阈下农村扶贫政策探析——以湘西八个贫困县及其下辖乡、村为例[J].公共管理学报,2011,8(2):72-78+126.

[98]叶信岳,李晶晶,程叶青.浙江省经济差异时空动态的多尺度与多机制分析[J].地理科学进展,2014,33(9):1177-1186.

[99]郑长德,单德朋.集中连片特困地区多维贫困测度与时空演进[J].南开学报(哲学社会科学版),2016(3):135-146.

[100]陈健生.生态脆弱地区农村慢性贫困研究——基于600个国家扶贫重点县的监测证据[M].北京:经济科学出版社,2009.

[101]邹薇,方迎风.关于中国贫困的动态多维度研究[J].中国人口科学,2011(6):49-59+111.

[102]王美昌,高云虹.中国城乡贫困变动:2004—2012[J].中国人口·资源与环境,2017,27(4):49-57.

[103]王武林,纪庚,黄丹阳.中国西部农村贫困人口时空演变特征及政策启示[J].生态经济,2020,36(11):88-93+100.

[104]李东,孙东琪.2010—2016年中国多维贫困动态分析——基于中国家庭跟踪调查(CFPS)数据的实证研究[J].经济地理,2020,40(1):41-49.

[105]杨振,江琪,刘会敏,等.中国农村居民多维贫困测度与空间格局[J].经济地理,2015,35(12):148-153.

[106]周侃,樊杰,孙勇.长江经济带农村相对贫困格局及区域承载力约束机理[J].农业工程学报,2021,37(11):249-258+325.

[107]马瑜,吕景春.中国城乡弱相对贫困测算及时空演变——基于社会融入成本理论[J/OL].人口与经济:1-16[2022-04-04].http://kns.cnki.net/kcms/detail/11.1115.F.20211104.1019.002.html.

[108]王永明,王美霞.武陵山片区县域相对贫困的时空演化与驱动因

素[J]. 山地学报,2021,39(4):576-586.

[109]韦凤琴,张红丽. 中国农村地区多维相对贫困测度与时空分异特征[J]. 统计与决策,2021,37(16):15-18.

[110]范轶芳,侯景新,赵弘. 环京津贫困带经济发展格局时空演变研究[J]. 现代财经(天津财经大学学报),2016,36(7):18-27.

[111]何仁伟,樊杰,李光勤. 环京津贫困带的时空演变与形成机理[J]. 经济地理,2018,38(6):1-9.

[112]蔡兴冉,梁彦庆,黄志英,等. 河北省县域相对贫困空间分异及影响因素分析[J]. 西南大学学报(自然科学版),2019,41(10):62-71.

[113]袁媛,王仰麟,马晶,等. 河北省县域贫困度多维评估[J]. 地理科学进展,2014,33(1):124-133.

[114]张亚明,石笑贤,严玲玉. 环京津贫困带空间贫困测度与精准扶贫研究[J]. 河北经贸大学学报,2018,39(3):74-80.

[115]胡芳肖,熊欣,罗红荣. 基于Logistic回归的陕西农村家庭致贫因素分析[J]. 社会保障研究,2012(1):64-71.

[116]曾志红,曾福生. 我国农村致贫的社会制度因素分析[J]. 农业经济,2013(11):33-35.

[117]罗庆,樊新生,高更和,等. 秦巴山区贫困村的空间分布特征及其影响因素[J]. 经济地理,2016,36(4):126-132.

[118]夏春萍,雷欣悦,王翠翠. 我国农村多维贫困的空间分布特征及影响因素分析——基于31省的多维贫困测度[J]. 中国农业大学学报,2019,24(8):229-238.

[119]梁晨霞,王艳慧,徐海涛,等. 贫困村空间分布及影响因素分析——以乌蒙山连片特困区为例[J]. 地理研究,2019,38(6):1389-1402.

[120]穆学青,郭向阳,明庆忠. 多维贫困视角下县域旅游扶贫效率时空演化及影响机理——以云南25个边境县(市)为例[J]. 经济地理,2020,40(12):199-210.

[121]金贵,邓祥征,董寅,等. 发展地理学视角下中国多维贫困测度

及时空交互特征[J]. 地理学报, 2020, 75(8): 1633-1646.

[122] Liu M X, Hu Sh, Ge Y, et al. Using multiple linear regression and random forests to identify spatial poverty determinants in rural China[J]. Spatial Statistics, 2021(42): 100461.

[123] Dong Y, Jin G, Deng X, et al. Multidimensional measurement of poverty and its spatio-temporal dynamics in China from the perspective of development geography[J]. Journal of Geographical Sciences, 2021(31): 130-148.

[124] 何家军, 朱乾宇. 三峡农村移民相对贫困影响因素的实证分析——基于湖北库区的调查[J]. 调研世界, 2016(10): 23-27.

[125] 仲超, 林闽钢. 中国相对贫困家庭的多维剥夺及其影响因素研究[J]. 南京农业大学学报(社会科学版), 2020, 20(4): 112-120.

[126] 张文宏, 苏迪. 特大城市居民相对贫困影响因素实证分析——基于北京、上海、广州的研究[J]. 中共中央党校(国家行政学院)学报, 2020, 24(3): 100-109.

[127] 栾江, 马瑞. 农村居民相对贫困影响因素分析[J]. 统计与决策, 2021, 37(10): 75-79.

[128] 边恕, 纪晓晨. 社会排斥对中国相对贫困的影响效应研究——基于CFPS 2018的经验分析[J]. 社会保障研究, 2021(3): 87-99.

[129] 李波, 苏晨晨. 深度贫困地区相对贫困的空间差异与影响因素——基于西藏和四省涉藏县域的实证研究[J]. 中南民族大学学报(人文社会科学版), 2021, 41(4): 37-44.

[130] Elvidge C D, Baugh K E, Kihn E A, et al. Mapping city lights with nighttime data from the DMSP Operational Linescan System[J]. Photogrammetric Engineering & Remote Sensing, 1997, 63(6): 724-734.

[131] 徐康宁, 陈丰龙, 刘修岩. 中国经济增长的真实性: 基于全球夜间灯光数据的检验[J]. 经济研究, 2015(9): 17-29.

[132] Li X, Xu H, Chen X, et al. Potential of NPP/VIIRS nighttime light imagery for modeling the regional economy of China[J]. Remote Sensing, 2013,

5(6):3057-3081.

[133]柴子为,王帅磊,乔纪刚.基于夜间灯光数据的珠三角地区镇级GDP估算[J].热带地理,2015,35(3):379-385.

[134]Dai Z, Hu Y, Zhao G. The suitability of different nighttime light data for GDP estimation at different spatial scales and regional Levels[J]. Sustainability, 2017(9):305.

[135]Li F, Zhang X B, Liao S B, et al. Capability assessment of DMSP/OLS and NPP/VIIRS nighttime light data estimating statistical indicators: A case of county-level GDP, population and energy consumption in Beijing-Tianjin-Hebei region[J]. Bulletin of Surveying and Mapping, 2020, 118(9):89-93.

[136]Sutton P, Roberts D, Elvidge C, et al. A comparison of nighttime satellite imagery and population density for the continental United States[J]. Photogrammetric Engineering & Remote Sensing, 1997, 63(11):1303-1313.

[137]Lo C P. Modeling the population of China using DMSP Operational Linescan System nighttime data[J]. Photogrammetric Engineering & Remote Sensing, 2001, 67(9):1037-1048.

[138]卓莉,陈晋,史培军,等.基于夜间灯光数据的中国人口密度模拟[J].地理学报,2005,60(2):266-276.

[139]高义,王辉,王培涛,等.基于人口普查与多源夜间灯光数据的海岸带人口空间化分析[J].资源科学,2013,35(12):2517-2523.

[140]刘艳姣,王介勇,王志炜.基于NPP/VIIRS夜间灯光数据的黄淮海地区城乡常住人口格局模拟[J].地域研究与开发,2019,38(3):176-180.

[141]何春阳,史培军,李景刚,等.基于DMSP/OLS夜间灯光数据和统计数据的中国大陆20世纪90年代城市化空间过程重建研究[J].科学通报,2006(7):856-861.

[142]吴健生,刘浩,彭建,等.中国城市体系等级结构及其空间格局——基于DMSP/OLS夜间灯光数据的实证[J].地理学报,2014,69(6):

759-770.

[143]王利伟,冯长春.转型期京津冀城市群空间扩展格局及其动力机制——基于夜间灯光数据方法[J].地理学报,2016,71(12):2155-2169.

[144]陈昕,彭建,刘焱序,等.基于DMSP/OLS夜间灯光数据的京津冀地区城市空间扩展与空间关联测度[J].地理研究,2018,37(5):898-909.

[145]Min B, Gaba K M. Detection of rural electrification in Africa using DMSP/OLS night lights imagery[J]. International Journal of Remote Sensing, 2013, 34(22):8118-8141.

[146]He C Y, Ma Q, Li Zh F, et al. Modeling the spatiotemporal dynamics of electric power consumption in Mainland China using saturation-corrected DMSP/OLS nighttime stable light data[J]. International Journal of Digital Earth, 2013, 7(12): 1-22.

[147]Shi K F, Yu B L, Huang Y X, et al. Evaluation the ability of NPP/VIIRS nighttime light data to estimate the gross domestic product and the electric power consumption of China at multiple scales: A comparison with DMSP/OLS data[J]. Remote Sensing, 2014, 6(2):1705-1724.

[148]吴健生,牛妍,彭建,等.基于DMSP/OLS夜间灯光数据的1995—2009年中国地级市能源消费动态[J].地理研究,2014,33(4):625-634.

[149]王涛,冯志畅,罗健,等.中国电力消费多尺度时空格局分析——基于DMSP-OLS夜间灯光数据[J].应用科学学报,2021,39(3):508-520.

[150]Ghosh T, Elvidge C D, Sutton P C, et al. Creating a Global Grid of Distributed Fossil Fuel CO_2 Emissions from Nighttime Satellite Imagery[J]. Energies, 2010, 3(12):1895-1913.

[151]苏泳娴.基于DMSP/OLS夜间灯光数据的中国能源消费碳排放研究[D].广州:中国科学院研究生院(广州地球化学研究所),2015.

[152]Shi K, Chen Y, Yu B, et al. Modeling spatiotemporal CO_2 (carbon dioxide) emission dynamics in China from DMSP/OLS nighttime stable light data using panel data analysis[J]. Applied Energy, 2016(168): 523-533.

[153]吕倩, 刘海滨. 基于夜间灯光数据的黄河流域能源消费碳排放时空演变多尺度分析[J]. 经济地理, 2020, 40(12): 12-21.

[154]袁帅, 刘雨昕, 汪意, 等. 基于BP神经网络的湖南省县域贫困识别研究[J/OL]. 湖南师范大学自然科学学报: 1-12 [2022-03-10]. http://kns.cnki.net/kcms/detail/43.1542.n.20211005.1651.002.html.

[155]Elvidge C D, Sutton P C, Ghosh T, et al. A global poverty map derived from sat-ellite data[J]. Computers & Geosciences, 2009, 35(8): 1652-1660.

[156]Ebener S, Murray C, Tandon A, et al. From wealth to health: Modelling the distribution of income per capita at the sub-national level using night-time light imagery[J]. International Journal of Health Geographics, 2005, 4(1): 5.

[157]Noor A M, Alegana V A, Gething P W, et al. Using remotely sensed night-time light as a proxy for poverty in Africa[J]. Population Health Metrics, 2008, 6(1): 1-13.

[158]Jean N, Burke M, Xie M, et al. Combining satellite imagery and machine learning to predict poverty[J]. Science, 2016, 353(6301): 790-794.

[159]Andreano M S, Benedetti R, Piersimoni F, et al. Mapping Poverty of Latin American and Caribbean Countries from Heaven Through Night-Light Satellite Images[J]. Social Indicators Research, 2021(156): 533-562.

[160]Wang W, Cheng H, Zhang L. Poverty assessment using DMSP/OLS night-time light satellite imagery at a provincial scale in China[J]. Advances in Space Research, 2012, 49(8): 1253-1264.

[161]Li G, Cai Z, Liu J, et al. Multidimensional poverty in rural China: Indicators, spatiotem-poral patterns and applications[J]. Social Indicators Re-

search, 2019(144): 1099-1134.

[162] Li G, Cai Z L, Liu X J, et al. A comparison of machine learning approaches for identifying high-poverty counties: robust features of DMSP/OLS night-time light imagery[J]. International Journal of Remote Sensing, 2019, 40(15): 5716-5736.

[163] Yu B L, Shi K F, Hu Y J, et al. Poverty evaluation using NPP/VIIRS Nighttime Light Composite Data at the county level in China[J]. IEEE Journal of Selected Topics in Applied Earth Observations and Remote Sensing, 2015(8): 1217-1229.

[164] Lin J Y, Luo S Y, Huang Y Q. Poverty estimation at the county level by combining LuoJia 1-01 nighttime light data and points of interest[J]. Geocarto International, 2021(2): 1-17.

[165] Elvidge C D, Baugh K E, Zhizhin M, et al. Why VIIRS data are superior to DMSP for mapping nighttime lights[J]. Proceedings of the Asia-Pacific Advanced Network, 2013(35): 62-69.

[166] Elvidge C D, Baugh K, Zhizhin M., et al. VIIRS night-time lights. International[J]. Journal of Remote Sensing, 2017, 38(21): 5860-5879.

[167] Liu Y, Liu J, Zhou Y. Spatio-temporal patterns of rural poverty in China and targeted poverty alleviation strategies[J]. Journal of Rural Studies, 2017(52): 66-75.

[168] Liu Y, He X, Li C. Assessment of Poor Regions in Hebei Province Using NPP/VIIRS Nighttime Light Composite Data[C]. 2018 26th International Conference on Geoinformatics, 2018.

[169] Hillger D, Kopp T, Lee T, et al. Bulletin of the American[J]. Meteorological Society, 2013, 94(7): 1019-1029.

[170] Levin N, Zhang Q. A global analysis of factors controlling VIIRS nighttime light levels from densely populated areas[J]. Remote Sensing of Environment, 2017(190): 366-382.

[171]Shen D, Zhou L, Wang P A. Identification of poverty based on night-time light remote sensing data: A case study on contiguous special poverty-stricken areas in Liupan Mountains[J]. Remote Sensing for Land and Resources, 2019, 31(2): 157-163.

[172]Pan W, Fu H, Zheng P. Regional Poverty and Inequality in the Xiamen-Zhangzhou-Quanzhou City Cluster in China Based on NPP/VIIRS Night-Time Light[J]. Imagery. Sustainability, 2020, 12(6): 2547.

[173]Niu T, Chen Y, Yuan Y. Measuring urban poverty using multi-source data and a random forest algorithm: A case study in Guangzhou[J]. Sustainable Cities and Society, 2020(54): 102014.

[174]Shi K F, Chang Z J, Chen Z Q, et al. Identifying and evaluating poverty using multisource remote sensing and point of interest (POI) data: A case study of Chongqing[J]. China Journal of Cleaner Production, 2020, 255(10): 120245.

[175]Yin J, Qiu Y, Zhang B. Identification of poverty areas by remote sensing and machine learning: A case study in Guizhou, southwest China[J]. ISPRS International Journal of Geo-Information, 2021, 10(1): 11.

[176]韩广富, 辛远. 相对贫困视角下中国农村贫困治理的变迁与发展[J]. 中国农业大学学报(社会科学版), 2020, 37(6): 50-60.

[177]张明皓, 豆书龙. 2020年后中国贫困性质的变化与贫困治理转型[J]. 改革, 2020(7): 98-107.

[178]李萍, 韦宁卫. 后扶贫时代我国相对贫困治理路径前瞻[J]. 地方财政研究, 2020(10): 71-81.

[179]江立华. 相对贫困与2020年后贫困治理战略[J]. 社会发展研究, 2020, 7(3): 5-14.

[180]周侃, 盛科荣, 樊杰, 等. 我国相对贫困地区高质量发展内涵及综合施策路径[J]. 中国科学院院刊, 2020, 35(7): 895-906.

[181]樊杰, 周侃, 伍健雄. 中国相对贫困地区可持续发展问题典型研

究与政策前瞻[J].中国科学院院刊,2020,35(10):1249-1263.

[182]高强,孔祥智.论相对贫困的内涵、特点难点及应对之策[J].新疆师范大学学报(哲学社会科学版),2020,41(3):120-128+2.

[183]凌经球.乡村振兴战略背景下中国贫困治理战略转型探析[J].中央民族大学学报(哲学社会科学版),2019(3):5-14.

[184]胡志平.基本公共服务、脱贫内生动力与农村相对贫困治理[J].求索,2021(6):146-155.

[185]林闽钢.相对贫困的理论与政策聚焦——兼论建立我国相对贫困的治理体系[J].社会保障评论,2020,4(1):85-92.

[186]余扬,虞崇胜.以差异化原则统领相对贫困治理——相对贫困治理的政治哲学基础初探[J].学习与实践,2021(7):54-62.

[187]彭新万,张承.可行能力提升视域下我国城镇相对贫困的识别标准与治理路径[J].求实,2022(1):68-80+111.

[188]万兰芳,向德平.中国减贫的范式演变与未来走向:从发展主义到福利治理[J].河海大学学报(哲学社会科学版),2018(2):32-38.

[189]刘俊生,何炜.从参与式扶贫到协同式扶贫:中国扶贫的演进逻辑——兼论协同式精准扶贫的实现机制[J].西南民族大学学报(人文社科版),2017,38(12):205-210.

[190]王国敏,何莉琼.我国相对贫困的识别标准与协同治理[J].新疆师范大学学报(哲学社会科学版),2021,42(3):100-111.

[191]姜秀敏,李月.基于SFIC模型的产业扶贫助力乡村振兴的路径探析——以养殖产业脱贫为例[J].大连海事大学学报(社会科学版),2021,20(6):101-110.

[192]金福子,孙立达,卢衍航.从"脱贫"到"振兴":SCP范式下多元协同反贫困治理机制[J].河北农业大学学报(社会科学版),2022,24(1):76-84.

[193]詹姆斯,斯科特.农民的道义经济学,东南亚的反叛与生存[M].程立显,刘建,等,译.南京:译林出版社,2013.

［194］马克思,恩格斯. 马克思恩格斯选集(第 1 卷)［M］. 北京:人民出版社,1972:367.

［195］Wagle U. Rethinking poverty:Definition and measurement［J］. International Social Science Journal,2002,54(171):155-165.

［196］Foster J E. What is Poverty and Who are the Poor? Redefinition for the united states in the 1990s［J］. The American Economic Review,1998,88(2):335-341.

［197］Baulch B. Neglected trade-offs in poverty measurement［J］. IDS Bulletin,1996,27(1):36-42.

［198］霍萱. 多维贫困理论及其测量研究综述［J］. 社会福利,2017(12):5.

［199］OPHI. Global Multidimensional Poverty Index 2018:The Most Detailed Picture to Date of the World's Poorest People［R］. University of Oxford,2018. https://ophi.org.uk/global-multidimensional-poverty-index-2018-the-most-detailed.

［200］国务院关于印发中国农村扶贫开发纲要(2001—2010 年)的通知［R］. 政府信息公开专栏. http://www.gov.cn/zhengce/content/2016-09/23/content_511113 8.htm.

［201］国务院关于印发"十三五"脱贫攻坚规划的通知［R］. 政府信息公开专栏. http://www.gov.cn/zhengce/content/2016-12/02/content_5142197.htm.

［202］全承相,贺丽君,全永海. 产业扶贫精准化政策论析［J］. 湖南财政经济学院学报,2015,31(1):118-123.

［203］胡振光,向德平. 参与式治理视角下产业扶贫的发展瓶颈及完善路径［J］. 学习与实践,2014(4):99-107.

［204］袁媛,许学强. 国外综合贫困研究及对我国贫困地理研究的启示［J］. 世界地理研究,2008,17(2):121-128.

［205］Jalan J,Ravallion M. Spatial poverty traps［R］. The World Bank

Policy Research Working Paper,1997.

[206] 陈全功,程蹊. 空间贫困及其政策含义[J]. 贵州社会科学,2010(8):87-92.

[207] 刘小鹏,苏晓芳. 空间贫困研究及其对我国贫困地理研究的启示[J]. 干旱区地理,2014,37(1):144-151.

[208] Kam S P, Hossain M. Spatial patterns of Rural poverty and Their Relationship with Welfare Influencing Factors in Bangladesh[J]. Food Policy, 2005, 30(5-6):551-567.

[209] Jones R P, Sen K. It is where you are that matters:The spatial determinants of rural poverty in India[J]. Agricultural Economics, 2006, 34(3):229-242.

[210] Zhou Y, Liu Y S. The geography of poverty: Review and research prospects[J]. Journal of Rural Studies, 2019(1):8.

[211] Burke W J, Jayne T S. Spatial disadvantages or spatial poverty traps:Household evidence from rural Kenya[R]. International Development Working Paper, 2008.

[212] Epprecht M, Muller D, Minot N. How remote are Vietnam's ethnic minorities? An analysis of spatial patterns of poverty and inequality[J]. The Annals of Regional Science, 2009(46):349-368.

[213] Thongdara R, Samarakoon L, Shrestha R P, et al. Using GIS and spatial statistics to target poverty and improve poverty alleviation programs:A case study in Northeast Thailand[J]. Spatial Analysis, 2012(5):157-182.

[214] 刘一明,胡卓玮. 基于BP神经网络的区域贫困空间特征研究——以武陵山连片特困区为例[J]. 地球信息科学,2015,17(1):69-77.

[215] 程名望,李礼连,张家平. 空间贫困分异特征、陷阱形成与致贫因素分析[J]. 中国人口·资源与环境,2020,30(2):1-10.

[216] Liu M X, Ge Y, Hu Sh, et al. The spatial-temporal variation of poverty determinants [J/OL]. Spatial Statistics, 2022. https://doi.org/

10.1016/j.spasta.2022.100631.

[217] Shi L, Wang Y, Liu Y, et al. The poverty evolution of typical countries along the Belt and Road and implications from China's poverty reduction experiences[J]. Journal of Geographical Sciences, 2022(32): 458-476.

[218] 何博汶, 李丁, 刘笑杰. 甘肃省农村空间贫困地域分异特征及其影响因素[J]. 农业现代化研究, 2019, 40(5): 819-829.

[219] 周扬, 李寻欢. 平原农区贫困地理格局及其分异机制——以安徽省利辛县为例[J]. 地理科学, 2019, 39(10): 1592-1601.

[220] 戢晓峰, 刘丁硕. 基于3D理论与SEM的县域交通可达性与空间贫困的耦合机制[J]. 长江流域资源与环境, 2018, 27(7): 1467-1477.

[221] 罗翔, 李崇明, 万庆, 等. 贫困的"物以类聚":中国的农村空间贫困陷阱及其识别[J]. 自然资源学报, 2020, 35(10): 2460-2472.

[222] 韩彦东. 基于可持续发展的人口较少民族地区扶贫开发政策研究[D]. 北京:中国人民大学, 2008.

[223] 舒银燕. 石漠化连片特困地区农业产业扶贫模式可持续性评价指标体系的构建研究[J]. 广东农业科学, 2014, 41(16): 206-210.

[224] 郭建宇, 白婷. 产业扶贫的可持续性探讨——以光伏扶贫为例[J]. 经济纵横, 2018(07): 109-116.

[225] 赫尔曼·哈肯. 协同学——大自然构成的奥秘[M]. 凌复华, 译. 上海:上海译文出版社, 2005.

[226] 燕继荣. 协同治理:社会管理创新之道——基于国家与社会关系的理论思考[J]. 中国行政管理, 2013 (2): 58-61.

[227] 李汉卿. 协同治理理论探析[J]. 理论月刊, 2014(1): 138-142.

[228] Bryson J M, Crosby B C, Stone M M. The design and implementation of Cross-Sector collaborations: Propositions from the literature[J]. Public administration review, 2006(66): 44-55.

[229] Ansell C, Gash A. Collaborative Governance in Theory and Practice[J]. Journal of Public Administration Research and Theory, 2008, 18(4):

543-571.

[230] 郁建兴, 任泽涛. 当代中国社会建设中的协同治理——一个分析框架[J]. 学术月刊, 2012, 44(8): 23-31.

[231] 汪三贵, 孙俊娜. 全面建成小康社会后中国的相对贫困标准、测量与瞄准——基于2018年中国住户调查数据的分析[J]. 中国农村经济, 2021(3): 2-23.

[232] Muhammad A B, Danish S U K, Zübeyde Ş U, et al. Analyzing the relationship between poverty, income inequality, and CO_2 emission in Sub-Saharan African countries [J]. Science of The Total Environment, 2020 (740): 139867.

[233] Guo Y Zh, Wang J Y. Poverty alleviation through labor transfer in rural China: Evidence from Hualong County [J]. Habitat International, 2021 (116): 102402.

[234] Hassan M S, Bukhari S, Arshed N. Competitiveness, governance and globalization: What matters for poverty alleviation? [J]. Environment, Development and Sustainability, 2020, 22(4): 3491-3518.

[235] Liu Z, Liu W. Spatial-Temporal Relationship between Water Resources and Economic Development in Rural China from a Poverty Perspective [J]. International Journal of Environmental Research and Public Health, 2021, 18(4): 1540.

[236] Zhao P J, Zhao Y. Rural poverty and mobility in China: A national-level survey[J]. Journal of Transport Geography, 2021(93): 103083.

[237] Yu L R, Li X Y. The effects of social security expenditure on reducing income inequality and rural poverty in China[J]. Journal of Integrative Agriculture, 2021, 20(4): 1060-1067.

[238] Chong C, Cai M, Yue X M. Focus shift needed: From development-oriented to social security-based poverty alleviation in rural China[J]. Economic and Political Studies, 2022, 10(1): 62-84.

[239] 刘志华,李林,姜郁文. 我国区域科技协同创新绩效评价模型及实证研究[J]. 管理学报,2014,11(6):861-868.

[240] 王晓丹,王伟龙. 广东省区域经济差异的探索性空间数据分析:1990—2009[J]. 城市发展研究,2011,18(5):43-48

[241] 范巧,郭爱君. 一种新的基于全息映射的面板时空地理加权回归模型方法[J]. 数量经济技术经济研究,2021,38(4):120-138.

[242] 钟丽云,张以谟,吕晓旭,等. 数字全息中的一些基本问题分析[J]. 光学学报,2004(4):465-471.

[243] 沈体雁,于瀚辰,周麟,等. 北京市二手住宅价格影响机制——基于多尺度地理加权回归模型(MGWR)的研究[J]. 经济地理,2020,40(3):75-83.

[244] Fotheringham A S, Yang W, Kang W. Multiscale geographically weighted regression (MGWR)[J]. Annals of the American Association of Geographers, 2017, 107(6):1247-1265.

附 录

附录 A

表 A-1 FAHP 被调查专家基本信息

编号	性别	学位	单位	职称
1	女	博士	北京信息科技大学	副高级
2	女	博士	北京信息科技大学	中级
3	男	博士	华北电力大学	高级
4	男	博士	中国地质大学（北京）	高级
5	男	博士	中国矿业大学（北京）	高级
6	男	博士	中国矿业大学（北京）	高级
7	男	博士	中国矿业大学（北京）	高级
8	男	博士	中国矿业大学（北京）	高级
9	男	博士	中国矿业大学（北京）	高级
10	男	博士	浙江财经大学	中级

表 A-2 FAHP 专家打分均值表 1

	RI	PF	ER	POG	WV	MS	RN	TE	EL	HB	MT	MI	EI
RI	0.5	0.3	0.9	0.7	0.7	0.2	0.3	0.4	0.6	0.4	0.3	0.3	0.3
PF	0.7	0.5	0.9	0.8	0.8	0.3	0.4	0.7	0.8	0.5	0.4	0.6	0.6
ER	0.1	0.1	0.5	0.1	0.1	0.1	0.1	0.4	0.4	0.3	0.1	0.2	0.2
POG	0.3	0.2	0.9	0.5	0.5	0.2	0.4	0.6	0.7	0.4	0.3	0.3	0.3
WV	0.3	0.2	0.9	0.5	0.5	0.2	0.4	0.6	0.7	0.4	0.3	0.3	0.3

续表

	RI	PF	ER	POG	WV	MS	RN	TE	EL	HB	MT	MI	EI
MS	0.8	0.7	0.9	0.8	0.8	0.5	0.6	0.7	0.8	0.7	0.8	0.8	0.8
RN	0.7	0.6	0.9	0.6	0.6	0.4	0.5	0.7	0.8	0.7	0.7	0.6	0.6
TE	0.6	0.3	0.6	0.4	0.4	0.3	0.3	0.5	0.6	0.4	0.3	0.3	0.3
EL	0.4	0.2	0.6	0.3	0.3	0.2	0.2	0.4	0.5	0.3	0.3	0.2	0.2
HB	0.6	0.5	0.7	0.6	0.6	0.3	0.6	0.7	0.5	0.5	0.5	0.4	0.4
MT	0.7	0.6	0.9	0.7	0.7	0.3	0.2	0.7	0.7	0.5	0.5	0.4	0.4
MI	0.7	0.4	0.8	0.7	0.7	0.4	0.4	0.7	0.8	0.6	0.6	0.5	0.5
EI	0.7	0.4	0.8	0.7	0.7	0.4	0.4	0.7	0.8	0.6	0.6	0.5	0.5

表 A-3　FAHP 专家打分均值表 2

	经济发展	生活质量	义务教育	基本医疗	社会保障
经济发展	0.5	0.3	0.4	0.3	0.2
生活质量	0.7	0.5	0.6	0.5	0.3
义务教育	0.6	0.4	0.5	0.3	0.2
基本医疗	0.7	0.5	0.7	0.5	0.4
社会保障	0.8	0.7	0.8	0.6	0.5

附录 B

2012—2019 年产业发展对相对贫困的 PGTWR 模型回归结果

表 B-1　2012 年 PGTWR 模型回归结果

县域	X1	X2	X3	X4
滦县	0.2441	0.1732	0.2389	0.1255
滦南县	0.2471	0.1727	0.2370	0.1275
乐亭县	0.2567	0.1691	0.2378	0.1261
迁西县	0.2387	0.1745	0.2411	0.1233
玉田县	0.2297	0.1780	0.2402	0.1221
遵化市	0.2306	0.1773	0.2414	0.1217
迁安市	0.2466	0.1718	0.2407	0.1237
满城县	0.2468	0.1719	0.2584	0.0683
清苑县	0.2408	0.1733	0.2570	0.0748

续表

县域	X1	X2	X3	X4
涞水县	0.2372	0.1736	0.2604	0.0714
阜平县	0.2823	0.1646	0.2563	0.0492
徐水县	0.2376	0.1738	0.2578	0.0756
定兴县	0.2323	0.1749	0.2578	0.0794
唐县	0.2607	0.1690	0.2583	0.0594
高阳县	0.2344	0.1748	0.2553	0.0823
容城县	0.2299	0.1757	0.2562	0.0839
涞源县	0.2599	0.1689	0.2596	0.0577
望都县	0.2498	0.1714	0.2575	0.0678
安新县	0.2314	0.1754	0.2558	0.0837
易县	0.2439	0.1723	0.2597	0.0681
曲阳县	0.2657	0.1681	0.2576	0.0573
蠡县	0.2383	0.1740	0.2555	0.0792
顺平县	0.2513	0.1709	0.2586	0.0651
博野县	0.2425	0.1731	0.2560	0.0755
雄县	0.2251	0.1769	0.2545	0.0905
涿州市	0.2255	0.1765	0.2574	0.0850
定州市	0.2560	0.1702	0.2572	0.0642
安国市	0.2469	0.1721	0.2563	0.0718
高碑店市	0.2269	0.1763	0.2564	0.0857
张北县	0.2485	0.1698	0.2662	0.0559
康保县	0.2542	0.1684	0.2667	0.0517
沽源县	0.2283	0.1736	0.2687	0.0659
尚义县	0.2717	0.1656	0.2619	0.0478
蔚县	0.2601	0.1686	0.2609	0.0556
阳原县	0.2684	0.1668	0.2606	0.0512
怀安县	0.2627	0.1677	0.2622	0.0523
万全县	0.2567	0.1688	0.2636	0.0538
怀来县	0.2284	0.1751	0.2624	0.0740
涿鹿县	0.2401	0.1727	0.2623	0.0662
赤城县	0.2213	0.1753	0.2657	0.0770

续表

县域	X1	X2	X3	X4
崇礼区	0.2381	0.1720	0.2665	0.0625
承德县	0.2325	0.1754	0.2454	0.1185
兴隆县	0.2267	0.1781	0.2437	0.1185
平泉县	0.2462	0.1702	0.2465	0.1174
滦平县	0.2191	0.1796	0.2491	0.1099
隆化县	0.2222	0.1734	0.2602	0.0997
丰宁满族自治县	0.2117	0.1728	0.2742	0.0791
宽城满族自治县	0.2450	0.1716	0.2432	0.1210
围场满族蒙古族自治县	0.2200	0.1733	0.2636	0.0963
沧县	0.2333	0.1727	0.2513	0.1019
青县	0.2312	0.1724	0.2552	0.0963
东光县	0.2325	0.1745	0.2512	0.0966
海兴县	0.2362	0.1734	0.2441	0.1143
盐山县	0.2350	0.1731	0.2470	0.1089
肃宁县	0.2351	0.1748	0.2543	0.0837
南皮县	0.2344	0.1717	0.2546	0.0949
吴桥县	0.2305	0.1765	0.2477	0.0993
献县	0.2312	0.1760	0.2515	0.0916
孟村回族自治县	0.2344	0.1729	0.2489	0.1055
泊头市	0.2310	0.1747	0.2518	0.0969
任丘市	0.2287	0.1762	0.2538	0.0892
黄骅市	0.2341	0.1734	0.2469	0.1103
河间市	0.2302	0.1760	0.2527	0.0901
固安县	0.2215	0.1777	0.2547	0.0927
永清县	0.2245	0.1760	0.2544	0.0970
香河县	0.2257	0.1733	0.2578	0.0969
大城县	0.2281	0.1756	0.2514	0.0998
文安县	0.2213	0.1780	0.2521	0.0976
大厂回族自治县	0.2245	0.1731	0.2601	0.0936
霸州市	0.2254	0.1759	0.2532	0.0986
三河市	0.2246	0.1732	0.2594	0.0950

表 B-2 2013 年 PGTWR 模型回归结果

县域	X1	X2	X3	X4
滦县	0.2293	0.1801	0.2399	0.1186
滦南县	0.2320	0.1797	0.2380	0.1204
乐亭县	0.2427	0.1762	0.2369	0.1207
迁西县	0.2238	0.1813	0.2424	0.1161
玉田县	0.2129	0.1851	0.2439	0.1126
遵化市	0.2146	0.1843	0.2444	0.1130
迁安市	0.2325	0.1787	0.2407	0.1177
满城县	0.2321	0.1809	0.2578	0.0617
清苑县	0.2252	0.1823	0.2572	0.0682
涞水县	0.2218	0.1825	0.2603	0.0649
阜平县	0.2734	0.1732	0.2525	0.0421
徐水县	0.2218	0.1828	0.2581	0.0690
定兴县	0.2160	0.1839	0.2585	0.0728
唐县	0.2482	0.1779	0.2564	0.0526
高阳县	0.2179	0.1838	0.2562	0.0757
容城县	0.2131	0.1846	0.2573	0.0773
涞源县	0.2478	0.1778	0.2576	0.0510
望都县	0.2353	0.1804	0.2568	0.0612
安新县	0.2146	0.1843	0.2568	0.0771
易县	0.2292	0.1813	0.2591	0.0616
曲阳县	0.2538	0.1770	0.2553	0.0506
蠡县	0.2222	0.1830	0.2561	0.0725
顺平县	0.2373	0.1799	0.2575	0.0585
博野县	0.2268	0.1821	0.2561	0.0689
雄县	0.2078	0.1857	0.2561	0.0838
涿州市	0.2085	0.1853	0.2586	0.0784
定州市	0.2423	0.1792	0.2560	0.0576
安国市	0.2318	0.1812	0.2561	0.0652
高碑店市	0.2099	0.1851	0.2577	0.0790
张北县	0.2365	0.1785	0.2640	0.0492
康保县	0.2439	0.1768	0.2637	0.0449

续表

县域	X1	X2	X3	X4
沽源县	0.2135	0.1825	0.2681	0.0595
尚义县	0.2636	0.1738	0.2579	0.0407
蔚县	0.2486	0.1773	0.2586	0.0489
阳原县	0.2586	0.1753	0.2574	0.0443
怀安县	0.2524	0.1762	0.2593	0.0454
万全县	0.2458	0.1773	0.2610	0.0470
怀来县	0.2126	0.1840	0.2628	0.0675
涿鹿县	0.2256	0.1815	0.2617	0.0597
赤城县	0.2049	0.1844	0.2660	0.0707
崇礼区	0.2242	0.1809	0.2653	0.0559
承德县	0.2182	0.1820	0.2467	0.1117
兴隆县	0.2106	0.1851	0.2468	0.1097
平泉县	0.2336	0.1768	0.2450	0.1133
滦平县	0.2027	0.1866	0.2527	0.1007
隆化县	0.2060	0.1816	0.2602	0.0952
丰宁满族自治县	0.1947	0.1829	0.2727	0.0741
宽城满族自治县	0.2315	0.1783	0.2428	0.1156
围场满族蒙古族自治县	0.2043	0.1813	0.2632	0.0923
沧县	0.2138	0.1825	0.2523	0.0960
青县	0.2117	0.1824	0.2558	0.0908
东光县	0.2141	0.1849	0.2507	0.0916
海兴县	0.2174	0.1825	0.2456	0.1077
盐山县	0.2157	0.1826	0.2484	0.1025
肃宁县	0.2185	0.1837	0.2553	0.0770
南皮县	0.2147	0.1819	0.2551	0.0892
吴桥县	0.2135	0.1854	0.2486	0.0935
献县	0.2140	0.1847	0.2531	0.0847
孟村回族自治县	0.2150	0.1825	0.2501	0.0993
泊头市	0.2125	0.1851	0.2512	0.0919
任丘市	0.2116	0.1850	0.2553	0.0824
黄骅市	0.2151	0.1827	0.2482	0.1041

续表

县域	X1	X2	X3	X4
河间市	0.2130	0.1848	0.2542	0.0833
固安县	0.2042	0.1864	0.2565	0.0859
永清县	0.2066	0.1858	0.2549	0.0901
香河县	0.2069	0.1830	0.2579	0.0921
大城县	0.2099	0.1854	0.2523	0.0924
文安县	0.2045	0.1869	0.2528	0.0921
大厂回族自治县	0.2057	0.1829	0.2600	0.0891
霸州市	0.2073	0.1857	0.2539	0.0915
三河市	0.2058	0.1830	0.2593	0.0904

表 B-3 2014 年 PGTWR 模型回归结果

县域	X1	X2	X3	X4
滦县	0.2234	0.1830	0.2448	0.1072
滦南县	0.2262	0.1827	0.2428	0.1090
乐亭县	0.2376	0.1794	0.2408	0.1098
迁西县	0.2177	0.1841	0.2476	0.1047
玉田县	0.2055	0.1880	0.2498	0.1010
遵化市	0.2076	0.1871	0.2502	0.1014
迁安市	0.2270	0.1816	0.2453	0.1065
满城县	0.2225	0.1844	0.2634	0.0513
清苑县	0.2155	0.1857	0.2629	0.0580
涞水县	0.2124	0.1858	0.2661	0.0546
阜平县	0.2635	0.1775	0.2575	0.0304
徐水县	0.2122	0.1862	0.2639	0.0588
定兴县	0.2065	0.1871	0.2644	0.0627
唐县	0.2386	0.1817	0.2617	0.0417
高阳县	0.2083	0.1871	0.2621	0.0656
容城县	0.2035	0.1878	0.2633	0.0672
涞源县	0.2383	0.1815	0.2629	0.0400
望都县	0.2257	0.1840	0.2624	0.0507
安新县	0.2051	0.1876	0.2627	0.0670

续表

县域	X1	X2	X3	X4
易县	0.2197	0.1847	0.2648	0.0511
曲阳县	0.2441	0.1808	0.2606	0.0395
蠡县	0.2125	0.1863	0.2619	0.0624
顺平县	0.2277	0.1835	0.2630	0.0479
博野县	0.2172	0.1855	0.2618	0.0587
雄县	0.1984	0.1888	0.2621	0.0738
涿州市	0.1991	0.1884	0.2646	0.0683
定州市	0.2326	0.1829	0.2614	0.0469
安国市	0.2222	0.1847	0.2617	0.0549
高碑店市	0.2005	0.1883	0.2637	0.0690
张北县	0.2276	0.1818	0.2695	0.0383
康保县	0.2353	0.1801	0.2690	0.0337
沽源县	0.2048	0.1854	0.2740	0.0491
尚义县	0.2546	0.1774	0.2630	0.0290
蔚县	0.2392	0.1810	0.2639	0.0378
阳原县	0.2493	0.1791	0.2625	0.0328
怀安县	0.2433	0.1798	0.2645	0.0341
万全县	0.2368	0.1808	0.2663	0.0358
怀来县	0.2033	0.1871	0.2687	0.0573
涿鹿县	0.2164	0.1848	0.2674	0.0492
赤城县	0.1958	0.1873	0.2722	0.0604
崇礼区	0.2152	0.1840	0.2711	0.0453
承德县	0.2120	0.1847	0.2521	0.1003
兴隆县	0.2034	0.1878	0.2528	0.0983
平泉县	0.2285	0.1796	0.2492	0.1025
滦平县	0.1951	0.1893	0.2589	0.0895
隆化县	0.1986	0.1847	0.2651	0.0859
丰宁满族自治县	0.1859	0.1863	0.2781	0.0647
宽城满族自治县	0.2261	0.1812	0.2473	0.1046
围场满族蒙古族自治县	0.1971	0.1842	0.2681	0.0830
沧县	0.2047	0.1865	0.2565	0.0876

续表

县域	X1	X2	X3	X4
青县	0.2025	0.1865	0.2599	0.0828
东光县	0.2035	0.1887	0.2565	0.0816
海兴县	0.2089	0.1863	0.2501	0.0986
盐山县	0.2069	0.1865	0.2528	0.0937
肃宁县	0.2089	0.1871	0.2611	0.0669
南皮县	0.2053	0.1861	0.2592	0.0814
吴桥县	0.2038	0.1888	0.2546	0.0835
献县	0.2045	0.1880	0.2591	0.0747
孟村回族自治县	0.2060	0.1865	0.2545	0.0907
泊头市	0.2020	0.1889	0.2571	0.0819
任丘市	0.2020	0.1883	0.2613	0.0724
黄骅市	0.2065	0.1865	0.2526	0.0952
河间市	0.2034	0.1881	0.2602	0.0733
固安县	0.1948	0.1894	0.2626	0.0759
永清县	0.1964	0.1892	0.2618	0.0787
香河县	0.1982	0.1869	0.2621	0.0840
大城县	0.1995	0.1889	0.2592	0.0809
文安县	0.1951	0.1901	0.2589	0.0821
大厂回族自治县	0.1969	0.1868	0.2641	0.0811
霸州市	0.1970	0.1891	0.2609	0.0800
三河市	0.1971	0.1868	0.2635	0.0824

表 B-4 2015 年 PGTWR 模型回归结果

县域	X1	X2	X3	X4
滦县	0.1633	0.2156	0.2411	0.1034
滦南县	0.1644	0.2160	0.2390	0.1054
乐亭县	0.1658	0.2181	0.2353	0.1091
迁西县	0.1618	0.2146	0.2444	0.0999
玉田县	0.1622	0.2109	0.2492	0.0931
遵化市	0.1612	0.2120	0.2487	0.0943
迁安市	0.1631	0.2165	0.2406	0.1039

续表

县域	X1	X2	X3	X4
满城县	0.2106	0.1890	0.2675	0.0419
清苑县	0.2036	0.1902	0.2672	0.0486
涞水县	0.2012	0.1901	0.2702	0.0452
阜平县	0.2501	0.1827	0.2612	0.0207
徐水县	0.2005	0.1906	0.2682	0.0494
定兴县	0.1950	0.1914	0.2688	0.0533
唐县	0.2261	0.1865	0.2656	0.0323
高阳县	0.1963	0.1915	0.2666	0.0562
容城县	0.1920	0.1921	0.2678	0.0578
涞源县	0.2262	0.1862	0.2667	0.0305
望都县	0.2134	0.1887	0.2665	0.0413
安新县	0.1934	0.1919	0.2673	0.0576
易县	0.2081	0.1891	0.2688	0.0417
曲阳县	0.2313	0.1858	0.2644	0.0300
蠡县	0.2004	0.1908	0.2664	0.0530
顺平县	0.2156	0.1882	0.2671	0.0385
博野县	0.2049	0.1901	0.2662	0.0493
雄县	0.1869	0.1931	0.2669	0.0642
涿州市	0.1880	0.1926	0.2692	0.0589
定州市	0.2200	0.1877	0.2655	0.0375
安国市	0.2098	0.1894	0.2660	0.0455
高碑店市	0.1891	0.1925	0.2683	0.0595
张北县	0.2180	0.1858	0.2728	0.0288
康保县	0.2260	0.1841	0.2721	0.0241
沽源县	0.1959	0.1890	0.2776	0.0397
尚义县	0.2436	0.1820	0.2662	0.0192
蔚县	0.2276	0.1856	0.2675	0.0282
阳原县	0.2376	0.1838	0.2660	0.0232
怀安县	0.2322	0.1844	0.2679	0.0245
万全县	0.2262	0.1851	0.2697	0.0262
怀来县	0.1929	0.1911	0.2729	0.0479

续表

县域	X1	X2	X3	X4
涿鹿县	0.2056	0.1891	0.2713	0.0398
赤城县	0.1865	0.1909	0.2764	0.0510
崇礼区	0.2056	0.1879	0.2747	0.0359
承德县	0.1597	0.2136	0.2489	0.0952
兴隆县	0.1604	0.2110	0.2516	0.0907
平泉县	0.1617	0.2169	0.2433	0.1014
滦平县	0.1600	0.2084	0.2581	0.0812
隆化县	0.1707	0.1994	0.2671	0.0765
丰宁回族自治县	0.1698	0.1946	0.2800	0.0563
宽城回族自治县	0.1622	0.2164	0.2423	0.1022
围场满族蒙古族自治县	0.1695	0.1990	0.2699	0.0737
沧县	0.1747	0.2015	0.2575	0.0793
青县	0.1742	0.2008	0.2605	0.0748
东光县	0.1857	0.1965	0.2600	0.0731
海兴县	0.1733	0.2043	0.2511	0.0902
盐山县	0.1743	0.2027	0.2540	0.0852
肃宁县	0.1968	0.1915	0.2657	0.0575
南皮县	0.1776	0.1999	0.2600	0.0732
吴桥县	0.1822	0.1985	0.2580	0.0734
献县	0.1923	0.1924	0.2639	0.0652
孟村回族自治县	0.1749	0.2020	0.2556	0.0823
泊头市	0.1842	0.1967	0.2605	0.0734
任丘市	0.1903	0.1926	0.2660	0.0629
黄骅市	0.1726	0.2036	0.2536	0.0868
河间市	0.1914	0.1925	0.2650	0.0638
固安县	0.1836	0.1936	0.2674	0.0663
永清县	0.1796	0.1965	0.2657	0.0690
香河县	0.1686	0.2024	0.2622	0.0762
大城县	0.1822	0.1963	0.2633	0.0713
文安县	0.1744	0.1998	0.2620	0.0720
大厂回族自治县	0.1685	0.2019	0.2640	0.0735

续表

县域	X1	X2	X3	X4
霸州市	0.1800	0.1966	0.2648	0.0704
三河市	0.1680	0.2022	0.2634	0.0747

表 B-5 2016 年 PGTWR 模型回归结果

县域	X1	X2	X3	X4
滦县	0.1366	0.2276	0.2394	0.1079
滦南县	0.1369	0.2282	0.2374	0.1101
乐亭县	0.1352	0.2320	0.2328	0.1155
迁西县	0.1369	0.2257	0.2429	0.1039
玉田县	0.1428	0.2193	0.2486	0.0950
遵化市	0.1405	0.2211	0.2479	0.0968
迁安市	0.1353	0.2291	0.2386	0.1091
满城县	0.2104	0.1896	0.2666	0.0411
清苑县	0.2029	0.1910	0.2666	0.0477
涞水县	0.2021	0.1905	0.2691	0.0443
阜平县	0.2485	0.1839	0.2600	0.0200
徐水县	0.2002	0.1912	0.2675	0.0485
定兴县	0.1948	0.1920	0.2682	0.0523
唐县	0.2256	0.1873	0.2645	0.0315
高阳县	0.1951	0.1923	0.2663	0.0552
容城县	0.1912	0.1928	0.2675	0.0568
涞源县	0.2267	0.1868	0.2653	0.0297
望都县	0.2127	0.1895	0.2657	0.0405
安新县	0.1924	0.1927	0.2670	0.0565
易县	0.2086	0.1897	0.2677	0.0409
曲阳县	0.2303	0.1868	0.2634	0.0293
蠡县	0.1992	0.1917	0.2660	0.0521
顺平县	0.2154	0.1889	0.2660	0.0376
博野县	0.2037	0.1910	0.2657	0.0484
雄县	0.1856	0.1939	0.2668	0.0631
涿州市	0.1876	0.1932	0.2688	0.0578

续表

县域	X1	X2	X3	X4
定州市	0.2190	0.1886	0.2646	0.0367
安国市	0.2086	0.1903	0.2654	0.0447
高碑店市	0.1885	0.1932	0.2680	0.0584
张北县	0.2208	0.1859	0.2712	0.0269
康保县	0.2296	0.1841	0.2701	0.0221
沽源县	0.1990	0.1888	0.2764	0.0379
尚义县	0.2471	0.1820	0.2637	0.0183
蔚县	0.2290	0.1860	0.2658	0.0274
阳原县	0.2393	0.1842	0.2641	0.0223
怀安县	0.2349	0.1845	0.2658	0.0236
万全县	0.2296	0.1850	0.2675	0.0253
怀来县	0.1947	0.1912	0.2716	0.0469
涿鹿县	0.2074	0.1893	0.2698	0.0389
赤城县	0.1878	0.1910	0.2759	0.0493
崇礼区	0.2081	0.1880	0.2734	0.0341
承德县	0.1368	0.2240	0.2473	0.0988
兴隆县	0.1415	0.2193	0.2508	0.0928
平泉县	0.1334	0.2300	0.2407	0.1074
滦平县	0.1456	0.2149	0.2571	0.0825
隆化县	0.1587	0.2051	0.2669	0.0765
丰宁满族自治县	0.1668	0.1970	0.2787	0.0558
宽城满族自治县	0.1346	0.2290	0.2402	0.1076
围场满族蒙古族自治县	0.1579	0.2046	0.2696	0.0736
沧县	0.1629	0.2071	0.2559	0.0816
青县	0.1639	0.2060	0.2584	0.0772
东光县	0.1795	0.1991	0.2604	0.0721
海兴县	0.1573	0.2114	0.2502	0.0924
盐山县	0.1604	0.2090	0.2528	0.0874
肃宁县	0.1952	0.1924	0.2656	0.0565
南皮县	0.1676	0.2048	0.2580	0.0756
吴桥县	0.1760	0.2015	0.2578	0.0724

续表

县域	X1	X2	X3	X4
献县	0.1900	0.1935	0.2641	0.0641
孟村回族自治县	0.1621	0.2079	0.2542	0.0845
泊头市	0.1781	0.1993	0.2609	0.0724
任丘市	0.1887	0.1935	0.2660	0.0618
黄骅市	0.1580	0.2102	0.2524	0.0890
河间市	0.1895	0.1935	0.2650	0.0627
固安县	0.1823	0.1944	0.2674	0.0650
永清县	0.1748	0.1987	0.2661	0.0675
香河县	0.1575	0.2081	0.2600	0.0787
大城县	0.1767	0.1987	0.2638	0.0698
文安县	0.1693	0.2025	0.2613	0.0710
大厂回族自治县	0.1583	0.2072	0.2615	0.0760
霸州市	0.1749	0.1988	0.2653	0.0688
三河市	0.1574	0.2077	0.2610	0.0772

表B-6　2017年PGTWR模型回归结果

县域	X1	X2	X3	X4
滦县	0.1363	0.2302	0.2331	0.1134
滦南县	0.1365	0.2309	0.2309	0.1157
乐亭县	0.1334	0.2355	0.2255	0.1222
迁西县	0.1372	0.2280	0.2369	0.1090
玉田县	0.1449	0.2204	0.2440	0.0985
遵化市	0.1421	0.2225	0.2428	0.1008
迁安市	0.1345	0.2320	0.2319	0.1151
满城县	0.2180	0.1880	0.2637	0.0424
清苑县	0.2096	0.1896	0.2640	0.0487
涞水县	0.2095	0.1889	0.2663	0.0455
阜平县	0.2599	0.1811	0.2559	0.0224
徐水县	0.2070	0.1898	0.2649	0.0495
定兴县	0.2011	0.1908	0.2657	0.0532
唐县	0.2346	0.1852	0.2611	0.0333

续表

县域	X1	X2	X3	X4
高阳县	0.2011	0.1912	0.2640	0.0559
容城县	0.1971	0.1917	0.2652	0.0574
涞源县	0.2362	0.1845	0.2617	0.0316
望都县	0.2202	0.1878	0.2628	0.0418
安新县	0.1983	0.1916	0.2647	0.0572
易县	0.2163	0.1879	0.2648	0.0422
曲阳县	0.2396	0.1845	0.2599	0.0311
蠡县	0.2054	0.1905	0.2636	0.0529
顺平县	0.2234	0.1870	0.2630	0.0391
博野县	0.2103	0.1897	0.2632	0.0493
雄县	0.1909	0.1930	0.2648	0.0635
涿州市	0.1935	0.1921	0.2665	0.0585
定州市	0.2270	0.1868	0.2616	0.0382
安国市	0.2155	0.1888	0.2627	0.0457
高碑店市	0.1942	0.1921	0.2657	0.0591
张北县	0.2290	0.1838	0.2682	0.0286
康保县	0.2389	0.1817	0.2667	0.0240
沽源县	0.2055	0.1872	0.2739	0.0394
尚义县	0.2604	0.1785	0.2590	0.0212
蔚县	0.2393	0.1835	0.2620	0.0295
阳原县	0.2508	0.1812	0.2599	0.0248
怀安县	0.2463	0.1816	0.2616	0.0260
万全县	0.2408	0.1822	0.2634	0.0277
怀来县	0.2018	0.1897	0.2689	0.0482
涿鹿县	0.2156	0.1874	0.2667	0.0404
赤城县	0.1931	0.1897	0.2739	0.0504
崇礼区	0.2151	0.1862	0.2707	0.0357
承德县	0.1374	0.2260	0.2415	0.1037
兴隆县	0.1436	0.2204	0.2460	0.0964
平泉县	0.1319	0.2333	0.2336	0.1139
滦平县	0.1487	0.2153	0.2530	0.0854

续表

县域	X1	X2	X3	X4
隆化县	0.1609	0.2056	0.2635	0.0793
丰宁满族自治县	0.1706	0.1966	0.2761	0.0576
宽城满族自治县	0.1337	0.2320	0.2334	0.1137
围场满族蒙古族自治县	0.1600	0.2051	0.2662	0.0764
沧县	0.1669	0.2073	0.2519	0.0842
青县	0.1682	0.2061	0.2545	0.0797
东光县	0.1832	0.1986	0.2583	0.0733
海兴县	0.1601	0.2121	0.2459	0.0955
盐山县	0.1639	0.2094	0.2487	0.0902
肃宁县	0.2010	0.1914	0.2633	0.0571
南皮县	0.1721	0.2048	0.2541	0.0780
吴桥县	0.1810	0.2011	0.2557	0.0714
献县	0.1951	0.1927	0.2621	0.0644
孟村回族自治县	0.1659	0.2082	0.2502	0.0871
泊头市	0.1818	0.1988	0.2588	0.0737
任丘市	0.1941	0.1925	0.2639	0.0622
黄骅市	0.1612	0.2108	0.2483	0.0920
河间市	0.1948	0.1926	0.2630	0.0631
固安县	0.1876	0.1935	0.2654	0.0655
永清县	0.1791	0.1981	0.2638	0.0688
香河县	0.1614	0.2083	0.2558	0.0815
大城县	0.1808	0.1981	0.2616	0.0709
文安县	0.1748	0.2020	0.2590	0.0705
大厂回族自治县	0.1624	0.2074	0.2574	0.0788
霸州市	0.1791	0.1982	0.2630	0.0701
三河市	0.1614	0.2080	0.2569	0.0800

表 B-7　2018 年 PGTWR 模型回归结果

县域	X1	X2	X3	X4
滦县	0.1385	0.2295	0.2336	0.1101
滦南县	0.1386	0.2302	0.2316	0.1122

续表

县域	X1	X2	X3	X4
乐亭县	0.1353	0.2353	0.2256	0.1185
迁西县	0.1394	0.2273	0.2374	0.1060
玉田县	0.1472	0.2193	0.2450	0.0960
遵化市	0.1444	0.2214	0.2437	0.0982
迁安市	0.1366	0.2316	0.2321	0.1118
满城县	0.2191	0.1880	0.2633	0.0422
清苑县	0.2106	0.1897	0.2636	0.0485
涞水县	0.2106	0.1889	0.2659	0.0454
阜平县	0.2618	0.1807	0.2555	0.0223
徐水县	0.2080	0.1899	0.2645	0.0493
定兴县	0.2021	0.1909	0.2653	0.0530
唐县	0.2360	0.1851	0.2607	0.0331
高阳县	0.2020	0.1913	0.2636	0.0557
容城县	0.1980	0.1918	0.2647	0.0573
涞源县	0.2378	0.1843	0.2613	0.0315
望都县	0.2214	0.1878	0.2624	0.0416
安新县	0.1992	0.1917	0.2642	0.0570
易县	0.2175	0.1879	0.2644	0.0421
曲阳县	0.2411	0.1844	0.2595	0.0310
蠡县	0.2063	0.1906	0.2631	0.0527
顺平县	0.2246	0.1870	0.2626	0.0390
博野县	0.2113	0.1897	0.2628	0.0491
雄县	0.1917	0.1932	0.2643	0.0634
涿州市	0.1944	0.1922	0.2660	0.0584
定州市	0.2282	0.1868	0.2612	0.0380
安国市	0.2165	0.1888	0.2623	0.0456
高碑店市	0.1951	0.1923	0.2652	0.0590
张北县	0.2305	0.1836	0.2679	0.0285
康保县	0.2405	0.1815	0.2665	0.0238
沽源县	0.2067	0.1871	0.2736	0.0393
尚义县	0.2630	0.1779	0.2585	0.0211

续表

县域	X1	X2	X3	X4
蔚县	0.2410	0.1832	0.2616	0.0294
阳原县	0.2529	0.1809	0.2595	0.0247
怀安县	0.2484	0.1812	0.2612	0.0259
万全县	0.2428	0.1819	0.2630	0.0276
怀来县	0.2029	0.1897	0.2684	0.0481
涿鹿县	0.2169	0.1873	0.2662	0.0403
赤城县	0.1941	0.1897	0.2735	0.0504
崇礼区	0.2164	0.1861	0.2704	0.0356
承德县	0.1397	0.2253	0.2419	0.1011
兴隆县	0.1459	0.2194	0.2468	0.0942
平泉县	0.1339	0.2332	0.2331	0.1109
滦平县	0.1509	0.2143	0.2534	0.0840
隆化县	0.1615	0.2058	0.2628	0.0791
丰宁满族自治县	0.1714	0.1968	0.2754	0.0578
宽城县	0.1357	0.2317	0.2333	0.1106
围场县	0.1606	0.2053	0.2654	0.0764
沧县	0.1683	0.2067	0.2522	0.0832
青县	0.1695	0.2055	0.2546	0.0791
东光县	0.1839	0.1985	0.2581	0.0732
海兴县	0.1615	0.2115	0.2466	0.0938
盐山县	0.1653	0.2088	0.2493	0.0888
肃宁县	0.2019	0.1915	0.2629	0.0569
南皮县	0.1734	0.2043	0.2543	0.0775
吴桥县	0.1813	0.2013	0.2557	0.0707
献县	0.1959	0.1928	0.2617	0.0642
孟村回族自治县	0.1672	0.2076	0.2507	0.0860
泊头市	0.1825	0.1987	0.2586	0.0735
任丘市	0.1949	0.1927	0.2634	0.0621
黄骅市	0.1625	0.2102	0.2488	0.0905
河间市	0.1956	0.1927	0.2625	0.0629
固安县	0.1883	0.1937	0.2649	0.0654

续表

县域	X1	X2	X3	X4
永清县	0.1800	0.1980	0.2634	0.0688
香河县	0.1627	0.2079	0.2558	0.0808
大城县	0.1818	0.1980	0.2613	0.0709
文安县	0.1753	0.2021	0.2588	0.0701
大厂回族自治县	0.1638	0.2070	0.2573	0.0783
霸州市	0.1800	0.1981	0.2626	0.0701
三河市	0.1628	0.2075	0.2568	0.0794

表 B-8 2019 年 PGTWR 模型回归结果

县域	X1	X2	X3	X4
滦县	0.1518	0.2242	0.2320	0.1101
滦南县	0.1519	0.2249	0.2301	0.1120
乐亭县	0.1483	0.2302	0.2239	0.1187
迁西县	0.1529	0.2220	0.2356	0.1061
玉田县	0.1614	0.2142	0.2429	0.0959
遵化市	0.1583	0.2163	0.2417	0.0982
迁安市	0.1498	0.2264	0.2303	0.1121
满城县	0.2220	0.1885	0.2627	0.0391
清苑县	0.2134	0.1901	0.2629	0.0456
涞水县	0.2135	0.1894	0.2652	0.0423
阜平县	0.2643	0.1812	0.2553	0.0186
徐水县	0.2108	0.1904	0.2638	0.0464
定兴县	0.2048	0.1914	0.2646	0.0502
唐县	0.2389	0.1856	0.2602	0.0298
高阳县	0.2046	0.1918	0.2629	0.0529
容城县	0.2006	0.1923	0.2640	0.0545
涞源县	0.2406	0.1848	0.2609	0.0280
望都县	0.2243	0.1883	0.2618	0.0385
安新县	0.2018	0.1922	0.2635	0.0543
易县	0.2204	0.1884	0.2638	0.0389
曲阳县	0.2439	0.1849	0.2591	0.0276

续表

县域	X1	X2	X3	X4
蠡县	0.2090	0.1911	0.2625	0.0498
顺平县	0.2276	0.1875	0.2620	0.0358
博野县	0.2141	0.1902	0.2621	0.0462
雄县	0.1940	0.1937	0.2636	0.0607
涿州市	0.1969	0.1927	0.2653	0.0556
定州市	0.2311	0.1872	0.2606	0.0348
安国市	0.2194	0.1893	0.2616	0.0426
高碑店市	0.1976	0.1928	0.2646	0.0562
张北县	0.2333	0.1838	0.2674	0.0266
康保县	0.2431	0.1816	0.2662	0.0217
沽源县	0.2095	0.1873	0.2729	0.0377
尚义县	0.2656	0.1786	0.2587	0.0167
蔚县	0.2439	0.1838	0.2613	0.0258
阳原县	0.2556	0.1814	0.2594	0.0208
怀安县	0.2512	0.1818	0.2611	0.0220
万全县	0.2457	0.1824	0.2628	0.0237
怀来县	0.2057	0.1903	0.2678	0.0450
涿鹿县	0.2199	0.1879	0.2657	0.0370
赤城县	0.1968	0.1899	0.2727	0.0491
崇礼区	0.2193	0.1862	0.2697	0.0339
承德县	0.1532	0.2202	0.2396	0.1016
兴隆县	0.1599	0.2144	0.2445	0.0944
平泉县	0.1470	0.2282	0.2306	0.1118
滦平县	0.1654	0.2097	0.2504	0.0849
隆化县	0.1694	0.2044	0.2585	0.0806
丰宁满族自治县	0.1789	0.1955	0.2718	0.0596
宽城县	0.1489	0.2266	0.2312	0.1111
围场满族蒙古族自治县	0.1686	0.2040	0.2608	0.0780
沧县	0.1820	0.2035	0.2472	0.0852
青县	0.1835	0.2024	0.2492	0.0815
东光县	0.1892	0.1976	0.2559	0.0735

续表

县域	X1	X2	X3	X4
海兴县	0.1743	0.2080	0.2425	0.0951
盐山县	0.1785	0.2055	0.2447	0.0904
肃宁县	0.2044	0.1920	0.2622	0.0541
南皮县	0.1876	0.2011	0.2487	0.0799
吴桥县	0.1848	0.2014	0.2549	0.0677
献县	0.1982	0.1933	0.2610	0.0615
孟村回族自治县	0.1807	0.2043	0.2458	0.0878
泊头市	0.1877	0.1979	0.2564	0.0739
任丘市	0.1973	0.1932	0.2627	0.0594
黄骅市	0.1756	0.2068	0.2444	0.0921
河间市	0.1980	0.1932	0.2619	0.0602
固安县	0.1905	0.1942	0.2642	0.0627
永清县	0.1842	0.1974	0.2617	0.0686
香河县	0.1761	0.2047	0.2505	0.0833
大城县	0.1860	0.1974	0.2596	0.0706
文安县	0.1789	0.2022	0.2579	0.0670
大厂回族自治县	0.1772	0.2038	0.2518	0.0810
霸州市	0.1843	0.1975	0.2609	0.0699
三河市	0.1761	0.2044	0.2514	0.0821

附录 C

表 C-1 第一产业发展对相对贫困影响的空间分布情况

影响	2012 年	2019 年	变化情况
高	张家口市:尚义县、万全县、怀安县、阳原县、蔚县 承德市:无 唐山市:乐亭县 廊坊市:无 保定市:涞源县、唐县、阜平县、曲阳县、定州市 沧州市:无	张家口市:康保县、尚义县、万全县、怀安县、阳原县、蔚县 承德市:无 唐山市:无 廊坊市:无 保定市:涞源县、唐县、阜平县、曲阳县 沧州市:无	始终集中在环京津地区的西部边缘,张家口市和保定市
较高	张家口市:康保县、张北县 承德市:平泉县、宽城满族蒙古族自治县、滦平县、滦南县 唐山市:迁安市、迁西县、滦城县、滦南县 廊坊市:无 保定市:易县、满城县、清苑县、望都县、博野县、安国市 沧州市:无	张家口市:张北县、崇礼县、涿鹿县 承德市:无 唐山市:无 廊坊市:无 保定市:涞水县、易县、满城县、清苑县、望都县、定州市、博野县、安国市 沧州市:无	由 2012 年的东西部分布变为集中在西部,张家口市和保定市,呈半包围围绕在北京西南部
中等	张家口市:崇礼县、涿鹿县 承德市:无 唐山市:迁西市 廊坊市:无 保定市:涞水县、徐水县、黄骅市、海兴县、盐山县 沧州市:肃宁县、南皮县、孟村回族自治县、蠡县	张家口市:沽源县、赤城县、怀来县 承德市:无 唐山市:无 廊坊市:无 保定市:涿州市、高碑店市、定兴县、徐水县、容城县、雄县、安新县、高阳县、蠡县 沧州市:任丘市、河间市、肃宁县、献县	始终集中在张家口、保定、沧州市,范围呈扩散态势

附　录

续表

影响	2012年	2019年	变化情况
较低	张家口市:沽源县、怀来县 承德市:隆化县、兴隆县 唐山市:遵化市、玉田县 廊坊市:大城县 保定市:高碑店市、定兴县、容城县、安新县 沧州市:任丘市、青县、河间市、沧县、献县、泊头市、东光县、吴桥县	张家口市:无 承德市:围场县、丰宁满族自治县 唐山市:无 廊坊市:三河市、大厂回族自治县、香河县、固安县、大城县 保定市:无 沧州市:青县、黄骅市、海兴县、泊头市、南皮县、盐山县、东光县、吴桥县、孟村回族自治县	2012年较低值分布分散变为2019年较低值集中在承德市、廊坊市、沧州市
低	张家口市:赤城县 承德市:围场县、隆化县、丰宁满族自治县、滦平县 唐山市:无 廊坊市:三河市、大厂回族自治县、香河县、固安县、文安县 永清县、霸州市 保定市:涿州市、雄县 沧州市:无	张家口市:无 承德市:平泉县、承德县、滦平县 唐山市:迁安县、迁西县、遵化市、玉田县、滦南县、乐亭县 廊坊市:无 保定市:无 沧州市:无	由2012年的零散分布变为2019年低值集中在承德市和唐山市

153

表 C-2 第二产业对相对贫困影响的空间分布情况

影响	2012 年	2019 年	变化情况
高	张家口市:无 承德市:滦平县、兴隆县 唐山市:遵化市、玉田县 廊坊市:固安县、文安县 保定市:雄县 沧州市:无	张家口市:无 承德市:承德县、平泉县、宽城满族自治县、兴隆县 唐山市:迁西县、遵化市、迁安县、玉田县、滦南县、乐亭县 廊坊市:无 保定市:无 沧州市:无	始终集中在承德市和唐山市,且范围逐渐扩大。2012 年廊坊市文安县在 2019 年降为较高;廊坊市文安县和保定市雄县降为中等
较高	张家口市:赤城县、怀鹿县 承德市:承德县 唐山市:迁西县 廊坊市:永清县、霸州市、大城县 保定市:涿州市、高碑店市、定兴县、容城县、安新县、高阳县 沧州市:任丘市、河间市、肃宁县、献县、泊头市、东光县、吴桥县	张家口市:无 承德市:围场满族蒙古族自治县、隆化县、滦平县 唐山市:无 廊坊市:三河市、大厂回族自治县、香河县、文安县 保定市:无 沧州市:青县、黄骅市、沧县、南皮县、孟村回族自治县、海兴县、盐山县	由 2012 年零星分布在六个市的围绕北京的周边县域逐渐集中在 2019 年向环京津地区东部偏移
中	张家口市:沽源县 承德市:围场满族蒙古族自治县、隆化县、丰宁满族自治县 唐山市:滦县、滦南县 廊坊市:三河市、大厂回族自治县、香河县 保定市:涞水县、易县、徐水县、清苑县、蠡县、博野县 沧州市:青县、沧县、黄骅市、海兴县、孟村回族自治县、盐山县	张家口市:无 承德市:丰宁满族自治县 唐山市:无 廊坊市:固安县、永清县、高碑店市、霸州市、大清县、容城县、雄县、安新县、高阳县 保定市:任丘市、河间市、肃宁县、献县、泊头市、东光县 沧州市:	由 2012 年分布在六个市变为 2019 年中在环京津地区中部的南部,分布在廊坊市、保定市、沧州市东部

续表

影响	2012年	2019年	变化情况
较低	张家口市:张北县、崇礼区 承德市:平泉县、宽城满族自治县 唐山市:迁安市 廊坊市:无 保定市:满城县、顺平县、望都县、定州市、安国市 沧州市:无	张家口市:沽源县、崇礼区、赤城县、怀来县、涿鹿县 承德市:无 唐山市:无 廊坊市:无 保定市:涞水县、易县、定兴县、徐水县、满城县、顺平县、望都县、清苑县、定州市、安国市、博野县、蠡县 沧州市:无	集中分布在张家口市、保定市,且在2019年范围扩大,逐渐围绕北京市周边,呈半包围分布
低	张家口市:康保县、尚义县、万全县、怀安县、阳原县、蔚县 承德市:无 唐山市:乐亭县 廊坊市:无 保定市:涞源县、阜平县、唐县、曲阳县 沧州市:南皮县	张家口市:康保县、张北县、尚义县、万全县、怀安县、阳原县、蔚县 承德市:无 唐山市:无 廊坊市:无 保定市:涞源县、唐县、阜平县、曲阳县 沧州市:无	始终集中在环京津地区的西部,地处太行山—燕山山区,且在2019年范围扩大

155

表 C-3　第三产业对相对贫困影响的空间分布情况

影响	2012 年	2019 年	变化情况
高	张家口市:康保县、沽源县、张北县、崇礼县、赤城县 承德市:丰宁满族自治县 唐山市:无 廊坊市:无 保定市:无 沧州市:无	张家口市:沽源县、张北县、崇礼区、赤城县、怀来县 承德市:丰宁县 唐山市:无 廊坊市:无 保定市:无 沧州市:无	始终集中在张家口市和承德市丰宁满族自治县,逐渐向周边蔓延
较高	张家口市:万全县、怀安县、怀来县、蔚县 承德市:围场满族蒙古族自治县、隆化县 唐山市:无 廊坊市:三河市、大厂回族自治县 保定市:涞水县、涞源县、易县 沧州市:无	张家口市:康保县、万全县、怀安县、怀来县、涿鹿县、蔚县 承德市:围场满族蒙古族自治县 唐山市:无 廊坊市:固安县、涿州市、霸州市、大城县 保定市:涞水县、容城县、雄县、高碑店市、易县、高阳县、安新县、唐县、顺平县、定州市、望都县、清苑县、博野县、肃宁县、安国市、蠡县、河间市、任丘市、献县	始终围绕在北京市周边,且范围逐渐扩大蔓延
中等	张家口市:尚义县、阳原县 承德市:无 唐山市:无 廊坊市:香河县、高碑店市、定兴县、清苑县、容城县、高阳县、顺平县、安国市、博野县、安新县、阜平县、曲阳县、肃宁县、青县、南皮县 保定市:涿州市、霸州市、雄县、徐水县、望都县 沧州市:任丘市、河间市、青县、南皮县	张家口市:尚义县、阳原县 承德市:隆化县 唐山市:无 廊坊市:三河市、大厂回族自治县、文安县 保定市:阜平县、曲阳县 沧州市:泊头市、东光县、吴桥县	对比 2012 年,2019 年处于中等水平的县域大幅减少,2012 年处于中等影响的县域在 2019 年出现等级跃迁,部分县域升为较高影响

续表

影响	2012 年	2019 年	变化情况
较低	张家口市:无 承德市:滦平县、承德县、平泉县 唐山市:无 廊坊市:文安县、大城县 保定市:无 沧州市:黄骅市、沧县、盐山县、孟村回族自治县、献县、泊头市、东光县、吴桥县	张家口市:无 承德市:承德县、滦平市、兴隆县 唐山市:滦平县、遵化市、玉田县 廊坊市:香河县 保定市:无 沧州市:青县、黄骅市、沧县、孟村回族自治县、海兴县、盐山县、南皮县	始终分布在环京津地区的东侧,集中在承德市、廊坊市、沧州市,2019年新增唐山市
低	张家口市:无 承德市:兴隆县、宽城县 唐山市:迁西县、迁安市、玉田县、滦南县、乐亭县 廊坊市:无 保定市:无 沧州市:海兴县	张家口市:无 承德市:平泉市、宽城满族蒙古族自治县 唐山市:迁西县、迁安市、滦南县、乐亭县 廊坊市:无 保定市:无 沧州市:无	始终集中在承德市和唐山市,且在2019年范围缩小,部分县域实现等级跃迁

表 C-4 人均公共财政预算支出对相对贫困影响的空间分布情况

影响	2012 年	2019 年	变化情况
高	张家口市:无 承德市:平泉县、承德县、滦平县、宽城县、兴隆县 唐山市:迁西县、迁安市、遵化市、玉田县、滦县 秦皇岛市:无 廊坊市:无 保定市:无 沧州市:黄骅市、海兴县、盐山县	张家口市:无 承德市:平泉县、宽城满族自治县 唐山市:迁西县、迁安市、遵化市、滦县 秦皇岛市:滦南县、乐亭县 廊坊市:无 保定市:无 沧州市:无	始终集中在承德市和唐山市,且2019年沧州市三个县由2012年的高值降为较高
较高	张家口市:无 承德市:围场满族蒙古族自治县、隆化县 唐山市:无 廊坊市:三河市、大厂回族自治县、香河县、固安县、大城县 保定市:霸州市、文安县、雄县 沧州市:河间县、青县、南皮县、孟村县、吴桥县	张家口市:无 承德市:围场满族蒙古族自治县、隆化县、滦平县、兴隆县 唐山市:玉田县 廊坊市:三河市、大厂回族自治县、香河县 保定市:无 沧州市:青县、黄骅市、海兴县、孟村回族自治县、泊头市、南皮县、盐山县、东光县	2012—2019逐渐向环京津地区的东部集聚,集中在承德市、廊坊市北三县、沧州市东部
中等	张家口市:赤城县 承德市:丰宁满族自治县 唐山市:无 廊坊市:无 保定市:涿州市、定兴县、容城县、高碑店市、高阳县、蠡县 沧州市:任丘市、肃宁县、献县	张家口市:丰宁满族自治县 承德市:丰宁满族自治县 唐山市:无 廊坊市:固安县、永清县、文安县、大城县 保定市:霸州市、高碑店市、容城县、雄县、安新县、高阳县 沧州市:任丘市、河间市、肃宁县、献县、吴桥县	始终集中在承德市丰宁满族自治县,保定市、沧州市逐渐向环京津地区南部聚集,2019年新增廊坊市部分县域

续表

影响	2012年	2019年	变化情况
较低	张家口市:沽源县、崇礼区、怀来县、涿鹿县 承德市:无 唐山市:无 廊坊市:无 保定市:涞水县、易县、定兴县、满城县、徐水县、顺平县、望都县、清苑县、蠡县、安国市、博野县、定州市 沧州市:无	张家口市:沽源县、崇礼区、怀来县、赤城县、涿鹿县 承德市:无 唐山市:无 廊坊市:无 保定市:涞水县、易县、定兴县、满城县、徐水县、顺平县、清苑县、望都县、蠡县、博野县、安国市、定州市 沧州市:无	始终集中在张家口市、保定市,呈半包围环绕在北京西部
低	张家口市:康保县、张北县、尚义县、万全县、怀安县、阳原县、蔚县 承德市:无 唐山市:无 廊坊市:无 保定市:涞源县、唐县、阜平县、曲阳县 沧州市:无	张家口市:康保县、张北县、尚义县、万全县、怀安县、阳原县、蔚县 承德市:无 唐山市:无 廊坊市:无 保定市:涞源县、唐县、阜平县、曲阳县 沧州市:无	始终集中在环京津地区西部边缘,集中在张家口市和保定市

附录 D

夜间灯光数据值、相对贫困估计值及相对误差

表 D-1　2012—2020 年环京津地区县域 NPP/VIIRS 平均夜间灯光数据

年份 县域	2012	2013	2014	2015	2016	2017	2018	2019	2020
安国市	0.1674	0.2182	0.2497	0.2998	0.4428	0.7807	1.0172	1.5205	1.8742
安新县	0.3921	0.4937	0.5140	0.6041	0.6980	0.8585	0.9321	1.0655	1.1509
霸州市	1.3672	1.9701	2.2171	3.0671	3.4518	3.5537	3.7595	3.9348	4.0658
泊头市	0.2368	0.3257	0.3573	0.4680	0.5623	0.6640	0.7431	0.8463	0.8978
博野县	0.1494	0.1943	0.2264	0.2748	0.3462	0.4630	0.4823	0.5579	0.5840
沧县	0.4310	0.5753	0.6581	0.8213	0.9165	1.0619	1.1349	1.2329	1.3829
承德县	0.0796	0.0951	0.1072	0.1538	0.1831	0.1923	0.2076	0.2304	0.2417
赤城县	0.0218	0.0240	0.0249	0.0288	0.0345	0.0381	0.0439	0.0466	0.0492
崇礼区	0.0363	0.0399	0.0446	0.0752	0.1056	0.1237	0.1449	0.1695	0.1811
大厂回族 自治县	1.3392	1.8691	2.4094	4.3303	5.0571	4.8889	5.3144	5.4682	5.5228
大城县	0.3764	0.4855	0.5589	0.6673	0.7651	0.8349	0.8814	0.9258	0.9625
定兴县	0.2069	0.2961	0.3241	0.4064	0.5309	0.6098	0.6280	0.6995	0.7764
定州市	0.3730	0.4696	0.6384	0.9147	1.0941	1.1493	1.2578	1.3944	1.4782
东光县	0.2200	0.2867	0.3086	0.3980	0.4648	0.5138	0.5373	0.6392	0.7048
丰宁满族 自治县	0.0122	0.0174	0.0196	0.0242	0.0363	0.0487	0.0748	0.0895	0.0940
阜平县	0.0564	0.0649	0.0697	0.0857	0.1072	0.1365	0.1546	0.1909	0.1949
高碑店市	0.4602	0.6311	0.6974	0.9079	1.0510	1.5716	1.6020	1.7157	2.1909
高阳县	0.5315	0.7095	0.7369	0.9284	1.0070	1.1590	1.2402	1.3908	1.4612
固安县	0.6720	0.9814	1.1592	1.7491	1.8760	1.6357	2.1287	2.3000	2.4401
沽源县	0.0184	0.0221	0.0250	0.0398	0.0768	0.0881	0.0924	0.0979	0.1019
海兴县	0.1936	0.2372	0.2519	0.2968	0.4125	0.5241	0.5461	0.5711	0.6014
河间市	0.4338	0.5421	0.5609	0.6583	0.7439	0.9395	0.9591	1.0639	1.1344
怀安县	0.1370	0.1545	0.1694	0.1929	0.2303	0.2372	0.2579	0.2807	0.2988
怀来县	0.2297	0.2477	0.2629	0.3539	0.4694	0.5274	0.5632	0.6502	0.6695

续表

年份 县域	2012	2013	2014	2015	2016	2017	2018	2019	2020
黄骅市	0.7422	0.9460	1.0565	1.4227	1.7471	1.9624	2.1021	2.2609	2.4212
康保县	0.0098	0.0123	0.0145	0.0175	0.0236	0.0264	0.0300	0.0334	0.0372
宽城满族自治县	0.2077	0.2499	0.3035	0.4520	0.4863	0.4794	0.5278	0.5528	0.5651
涞水县	0.1401	0.1982	0.2406	0.2787	0.3288	0.3575	0.3860	0.4117	0.4152
涞源县	0.1071	0.1399	0.1599	0.1994	0.2325	0.2284	0.2589	0.2785	0.2924
乐亭县	0.7485	0.9613	1.1972	1.6685	1.7655	1.6307	1.8349	1.8847	2.0133
蠡县	0.3238	0.4391	0.5054	0.6183	0.7328	0.8368	0.8716	0.9965	1.0164
隆化县	0.0372	0.0468	0.0515	0.0661	0.0762	0.0770	0.0914	0.0973	0.1033
滦南县	0.5173	0.6705	0.8730	1.0476	1.1947	1.1619	1.3243	1.3730	1.4270
滦平县	0.1064	0.1294	0.1456	0.1792	0.2070	0.2120	0.2436	0.2679	0.2819
滦县	0.7970	0.9361	1.1186	1.4407	1.7710	1.7344	1.8645	1.9412	1.9886
满城县	0.4285	0.5625	0.6537	0.8352	0.9580	1.0215	1.1078	1.3815	1.4080
孟村回族自治县	0.5272	0.6197	0.6384	0.7210	0.8134	0.9736	0.9923	1.0117	1.0708
南皮县	0.1962	0.2780	0.3163	0.4271	0.4921	0.5672	0.6107	0.6881	0.7890
平泉县	0.0763	0.0856	0.1023	0.2090	0.2454	0.2544	0.2692	0.2833	0.2974
迁安市	1.6468	1.7522	1.8390	2.3232	2.4110	2.1379	2.5231	2.6936	2.7425
迁西县	0.3206	0.3570	0.3742	0.4589	0.4993	0.4805	0.5530	0.6597	0.6988
青县	0.3224	0.4126	0.4366	0.5102	0.5782	0.6931	0.7096	0.7469	0.7950
清苑县	0.3630	0.4725	0.5030	0.6429	0.7734	1.0300	1.0733	1.1628	1.1910
曲阳县	0.1504	0.1952	0.2195	0.2550	0.3686	0.4566	0.4751	0.5483	0.6113
任丘市	0.9509	1.2426	1.2980	1.8350	2.0062	2.2886	2.4693	2.6765	2.8404
容城县	0.4159	0.5868	0.6446	0.8058	0.9186	1.0334	1.2011	1.4784	3.2714
三河市	1.7494	2.2241	2.4639	3.4282	3.7081	3.5692	3.8877	4.1110	4.2072
尚义县	0.0253	0.0263	0.0306	0.0453	0.0560	0.0592	0.0690	0.0847	0.0919
顺平县	0.1310	0.1807	0.2096	0.2512	0.2982	0.3667	0.3910	0.4472	0.4576
肃宁县	0.5118	0.6858	0.8100	1.1882	1.2578	1.1861	1.4226	1.6085	1.7791
唐县	0.1145	0.1558	0.1811	0.2177	0.2676	0.3253	0.3449	0.3967	0.4041
望都县	0.1813	0.2287	0.2639	0.3617	0.4358	0.4970	0.5307	0.6684	0.6829

续表

年份\县域	2012	2013	2014	2015	2016	2017	2018	2019	2020
万全县	0.2334	0.2627	0.2760	0.3397	0.3764	0.3690	0.4179	0.4674	0.4881
围场满族蒙古族自治县	0.0116	0.0144	0.0170	0.0234	0.0341	0.0396	0.0424	0.0470	0.0490
文安县	0.5697	0.7874	0.8525	1.0383	1.1373	1.2163	1.2725	1.3472	1.4510
吴桥县	0.1421	0.1605	0.1814	0.2030	0.2350	0.2956	0.3078	0.3557	0.4100
香河县	0.8936	1.2764	1.4544	2.5333	3.2387	3.3366	3.4399	3.6372	3.7330
献县	0.2202	0.2870	0.3084	0.3503	0.3924	0.4235	0.4637	0.5319	0.5656
兴隆县	0.0487	0.0544	0.0597	0.0892	0.1027	0.1190	0.1330	0.1431	0.1496
雄县	0.5719	0.8206	0.9141	1.2111	1.4471	1.5141	1.5826	1.7841	2.3284
徐水县	0.4586	0.6196	0.7585	0.9600	1.4613	1.7740	1.8890	2.2952	2.5431
阳原县	0.0777	0.0889	0.0968	0.1215	0.1443	0.1479	0.1754	0.1849	0.1886
盐山县	0.2929	0.3764	0.4201	0.4895	0.5822	0.6371	0.6673	0.7103	0.7803
易县	0.0641	0.0965	0.1211	0.1398	0.1817	0.2195	0.2308	0.2523	0.2565
永清县	0.4143	0.5378	0.5840	0.6822	0.8872	1.0940	1.1669	1.3244	1.4318
玉田县	0.4681	0.5478	0.7487	1.1575	1.2908	1.3088	1.4088	1.5028	1.5477
蔚县	0.0785	0.0857	0.0945	0.1113	0.1382	0.1423	0.1562	0.1687	0.1740
张北县	0.0487	0.0513	0.0570	0.1026	0.1541	0.1630	0.1732	0.1859	0.1921
涿鹿县	0.0833	0.1002	0.1150	0.1524	0.1727	0.1975	0.2095	0.2262	0.2345
涿州市	0.6021	0.8054	0.9169	1.1499	1.3278	1.4362	1.5309	1.6434	1.7157
遵化市	0.4142	0.4505	0.4654	0.5419	0.6215	0.6677	0.7254	0.8388	0.8685

表 D-2　2012—2019 年多维相对贫困指数估计模型的相对误差　（%）

年份\县域	2012	2013	2014	2015	2016	2017	2018	2019
安国市	0.0327	0.0511	0.0855	0.1050	0.1007	0.0660	0.0037	0.0547
安新县	0.1228	0.1149	0.1262	0.1330	0.1231	0.1510	0.2051	0.1222
霸州市	0.0238	0.0401	0.0878	0.2272	0.2374	0.2131	0.1892	0.0627
博野县	0.0367	0.1573	0.1600	0.2171	0.1482	0.1466	0.1106	0.1083
沧县	0.1574	0.1493	0.1322	0.1878	0.1737	0.1800	0.2012	0.2884

续表

年份 县域	2012	2013	2014	2015	2016	2017	2018	2019
承德县	0.1367	0.0288	0.0594	0.1111	0.1445	0.0753	0.0806	0.0208
赤城县	0.3713	0.2789	0.2504	0.2691	0.3937	0.1914	0.2365	0.1183
崇礼区	0.1338	0.1705	0.0016	0.0084	0.0767	0.1100	0.0173	0.0971
大厂回族自治县	0.2552	0.3294	0.4124	0.4795	0.4806	0.4974	0.5276	0.5570
大城县	0.2316	0.3082	0.4528	0.8632	1.0043	0.7554	0.8321	0.6236
定兴县	0.0001	0.0619	0.0399	0.0420	0.0209	0.0069	0.0194	0.0515
定州市	0.1024	0.2139	0.1493	0.2694	0.2624	0.3162	0.3226	0.5078
东光县	0.0849	0.0757	0.1198	0.0196	0.0059	0.0725	0.0408	0.0167
丰宁满族自治县	0.2421	0.1308	0.0651	0.0565	0.0681	0.0839	0.0872	0.1106
阜平县	0.3132	0.3008	0.1820	0.1677	0.1498	0.0612	0.0860	0.0866
高碑店市	0.0351	0.0926	0.1146	0.0976	0.1671	0.2177	0.2558	0.3499
高阳县	0.0441	0.0347	0.0062	0.0534	0.0517	0.0504	0.0196	0.0017
沽源县	0.2726	0.3168	0.2864	0.3886	0.3835	0.2654	0.2645	0.4943
固安县	0.0889	0.1133	0.0159	0.1092	0.0618	0.0207	0.0766	0.0925
海兴县	0.2231	0.1332	0.0715	0.0035	0.0186	0.1155	0.1333	0.0604
河间市	0.0698	0.0913	0.1243	0.0592	0.1257	0.0529	0.0606	0.2576
怀安县	0.0637	0.1815	0.2037	0.1376	0.3031	0.2557	0.1329	0.1929
怀来县	0.0194	0.0861	0.1973	0.1255	0.1438	0.1750	0.2156	0.2675
黄骅市	0.3131	0.3345	0.3272	0.3061	0.2910	0.3073	0.2880	0.3391
康保县	0.6406	0.5105	0.3013	0.5567	0.5567	0.4543	0.5757	0.5827
宽城满族自治县	0.1747	0.2638	0.2619	0.2414	0.2685	0.3172	0.2614	0.2532
涞水县	0.2026	0.1704	0.1451	0.1020	0.1275	0.0970	0.0861	0.0196
涞源县	0.1329	0.0311	0.0638	0.0532	0.0410	0.0255	0.0232	0.0392
乐亭县	0.2299	0.2712	0.2511	0.3004	0.3245	0.3559	0.4234	0.4635
蠡县	0.2239	0.4175	0.2515	0.3332	0.3116	0.1640	0.2173	0.1225
隆化县	0.1015	0.1371	0.0345	0.1063	0.1075	0.0435	0.0273	0.0280
滦南县	0.2750	0.3468	0.3598	0.3385	0.3228	0.3271	0.3735	0.4431

续表

年份 县域	2012	2013	2014	2015	2016	2017	2018	2019
滦平县	0.1570	0.0986	0.0822	0.1547	0.1343	0.1005	0.0282	0.0100
滦县	0.3092	0.3247	0.3720	0.3598	0.3442	0.3714	0.3784	0.4611
满城县	0.1270	0.1116	0.1130	0.1877	0.2249	0.1538	0.1515	0.0700
孟村回族自治县	0.0873	0.1011	0.0123	0.0582	0.1678	0.1799	0.1959	0.4039
南皮县	0.0214	0.0008	0.0058	0.0102	0.0110	0.0242	0.0342	0.0075
平泉县	0.0322	0.0199	0.0164	0.0159	0.0044	0.0894	0.0370	0.0987
泊头市	0.0381	0.0732	0.0907	0.0734	0.1081	0.1237	0.1566	0.2974
迁安市	0.2717	0.2847	0.2618	0.2438	0.1816	0.2452	0.2381	0.3233
迁西县	0.2936	0.2822	0.2937	0.2607	0.2926	0.2999	0.3244	0.3651
青县	0.0514	0.0599	0.0843	0.0722	0.1145	0.0860	0.1024	0.1657
清苑县	0.0927	0.0901	0.0643	0.0166	0.0357	0.0371	0.0366	0.1650
曲阳县	0.1250	0.1338	0.0352	0.0207	0.0206	0.0798	0.1280	0.2433
任丘市	0.1666	0.1238	0.1794	0.1324	0.1023	0.0822	0.1162	0.1801
容城县	0.0528	0.0413	0.0356	0.0390	0.0941	0.0706	0.0999	0.2391
三河市	0.1965	0.1751	0.1537	0.0520	0.0140	0.0003	0.0145	0.0936
尚义县	0.4481	0.2234	0.1584	0.1603	0.4602	0.0642	0.2009	0.2729
顺平县	0.1244	0.1163	0.0003	0.0124	0.0063	0.0584	0.0755	0.1057
肃宁县	0.0553	0.0496	0.0871	0.0010	0.0174	0.0328	0.0349	0.0132
唐县	0.1252	0.1337	0.1133	0.0591	0.0039	0.0401	0.0673	0.2578
万全县	0.0909	0.0340	0.0280	0.0177	0.0113	0.0055	0.0308	0.0029
望都县	0.0810	0.1492	0.1312	0.1030	0.1367	0.1634	0.1589	0.0790
围场满族蒙古族自治县	0.1882	0.0959	0.0849	0.0758	0.0036	0.1534	0.1904	0.2785
蔚县	0.5441	0.4798	0.4958	0.5746	0.5945	0.4279	0.4042	0.2783
文安县	0.1478	0.1571	0.2208	0.2059	0.1913	0.2720	0.2886	0.3046
吴桥县	0.0185	0.0278	0.0557	0.3262	0.4409	0.4073	0.3959	0.7090
献县	0.0352	0.0369	0.0708	0.0606	0.1019	0.1045	0.1287	0.2248
香河县	0.3011	0.3604	0.3682	0.4223	0.4294	0.4336	0.4477	0.5098

续表

年份\县域	2012	2013	2014	2015	2016	2017	2018	2019
兴隆县	0.2492	0.2335	0.2364	0.3149	0.3353	0.2988	0.1782	0.1635
雄县	0.0804	0.1217	0.0280	0.0543	0.1867	0.2862	0.4080	0.3296
徐水县	0.1424	0.1754	0.1984	0.1970	0.2334	0.3515	0.3286	0.3038
盐山县	0.0609	0.0395	0.0294	0.0032	0.0992	0.0729	0.1124	0.0471
阳原县	0.3561	0.2819	0.1841	0.2163	0.1599	0.0743	0.0855	0.0030
易县	0.1985	0.1867	0.1452	0.1201	0.1861	0.0845	0.0888	0.0411
永清县	0.1178	0.0684	0.1110	0.1373	0.1246	0.0151	0.0126	0.0695
玉田县	0.3053	0.3244	0.3145	0.2740	0.2891	0.3013	0.3313	0.4118
张北县	0.0980	0.0797	0.0396	0.0093	0.0767	0.0171	0.0479	0.1829
涿鹿县	0.1152	0.0456	0.0130	0.0204	0.1158	0.0262	0.0883	0.0554
涿州市	0.0964	0.0848	0.0915	0.1124	0.1185	0.1456	0.1469	0.2025
遵化市	0.1932	0.2203	0.2195	0.1848	0.1945	0.1843	0.2252	0.3832